AS GRANDES LINHAS
DA RECENTE REFORMA DO DIREITO
DO URBANISMO PORTUGUÊS

FERNANDO ALVES CORREIA

PROFESSOR AUXILIAR DA FACULDADE DE DIREITO DE COIMBRA
JUIZ DO TRIBUNAL CONSTITUCIONAL

AS GRANDES LINHAS DA RECENTE REFORMA DO DIREITO DO URBANISMO PORTUGUÊS

(REIMPRESSÃO)

ALMEDINA

TÍTULO:	AS GRANDES LINHAS DA RECENTE REFORMA DO DIREITO DO URBANISMO PORTUGUÊS
AUTOR	FERNANDO ALVES CORREIA
EDITOR:	LIVRARIA ALMEDINA – COIMBRA www.almedina.net
LIVRARIAS:	LIVRARIA ALMEDINA ARCO DE ALMEDINA, 15 TELEF. 239 851900 FAX 239 851901 3004-509 COIMBRA – PORTUGAL LIVRARIA ALMEDINA – PORTO R. DE CEUTA, 79 TELEF. 22 2059773 FAX 22 2039497 4050-191 PORTO – PORTUGAL EDIÇÕES GLOBO, LDA. R. S. FILIPE NERY, 37-A (AO RATO) TELEF. 21 3857619 FAX 21 3844661 1250-225 LISBOA – PORTUGAL LIVRARIA ALMEDINA ATRIUM SALDANHA LOJA 31 PRAÇA DUQUE DE SALDANHA, 1 TELEF. 21 3712690 atrium@almedina.net
EXECUÇÃO GRÁFICA:	G.C. – GRÁFICA DE COIMBRA, LDA. PALHEIRA – ASSAFARGE 3001-453 COIMBRA E-mail: producao@graficadecoimbra.pt NOVEMBRO, 2000
DEPÓSITO LEGAL:	108830/97
	Toda a reprodução desta obra, por fotocópia ou outro qualquer processo, sem prévia autorização escrita do Editor, é ilícita e passível de procedimento judicial contra o infractor.

*À MEMÓRIA
DA MINHA MÃE*

NOTA PRÉVIA

O presente texto corresponde, nas suas linhas essenciais, à comunicação escrita que o autor apresentou, no dia 6 de Março de 1992, em Lisboa, no Seminário sobre "Direito do Urbanismo", organizado pela URBE (Núcleos Urbanos de Pesquisa e Intervenção). Aproveitou-se a oportunidade da sua publicação para realizar algumas benfeitorias, traduzidas fundamentalmente na introdução de ligeiras actualizações e no acrescento de alguns desenvolvimentos complementares, colocados em notas de rodapé.

Julgou-se que teria alguma utilidade a divulgação deste pequeno trabalho, não só para a comunidade jurídica em geral – que dispõe ainda de escassos estudos sobre o ordenamento jurídico-urbanístico português –, mas também para os alunos da disciplina de Direito Administrativo do 5.º ano (variante Jurídico-Publicística) da Faculdade de Direito da Universidade de Coimbra, em cujo programa vem o autor incluindo, desde o ano lectivo de 1990-1991, o ensino dos temas mais importantes do Direito do Urbanismo português.

Coimbra, Outubro de 1993
F. ALVES CORREIA

ABREVIATURAS

AJDA	L'Actualité Juridique-Droit Administratif.
BFDUC	Boletim da Faculdade de Direito da Universidade de Coimbra.
BMJ	Boletim do Ministério da Justiça.
DR	Diário da República.
PDM	Plano Director Municipal.
POOC	Plano de Ordenamento da Orla Costeira.
PROT	Plano Regional de Ordenamento do Território.
RAN	Reserva Agrícola Nacional.
REN	Reserva Ecológica Nacional.
RFDUL	Revista da Faculdade de Direito da Universidade de Lisboa.
RLJ	Revista de Legislação e Jurisprudência.
STA	Supremo Tribunal Administrativo.
STJ	Supremo Tribunal de Justiça.
TC	Tribunal Constitucional.

SUMÁRIO

I — Introdução

II — Os grandes domínios de incidência das recentes reformas legislativas

    1. As alterações ao regime jurídico da planificação urbanística
        1.1. Aspectos gerais
        1.2. A nova disciplina dos planos regionais de ordenamento do território
        1.3. O novo regime dos planos municipais de ordenamento do território
    2. As modificações relacionadas com o direito dos solos
    3. As reformas no âmbito dos instrumentos jurídicos de gestão urbanística
        3.1. O Código das Expropriações de 1991. Principais inovações
        3.2. O actual regime jurídico dos loteamentos urbanos. Notas mais relevantes
        3.3. A nova disciplina do licenciamento de obras particulares. Princípios gerais

III — Conclusão

I – INTRODUÇÃO

Proferir algumas palavras, tal como nos foi proposto, sobre "as grandes linhas da recente reforma do direito do urbanismo português" é, segundo pensamos, expor os princípios rectores ou as ideias-força da actividade que vem sendo desenvolvida pelo legislador nos últimos anos, sobretudo a partir de 1988, de reformulação, actualização e aperfeiçoamento dos principais diplomas legislativos disciplinadores da actividade urbanística.

A acção reformadora do legislador – que já abrangeu, entre o mais, o regime jurídico da planificação urbanística, certos aspectos do direito dos solos e os principais instrumentos jurídicos de gestão urbanística – não está ainda terminada. Deve estender-se, pelo menos, ao regime jurídico do solo urbano, condensado no Decreto-Lei n.º 794/76, de 5 de Novembro, e à disciplina jurídica das edificações urbanas, que consta do denominado Regulamento Geral das Edificações Urbanas (Decreto-Lei n.º 38.382, de 7 de Agosto de 1951, alterado pontualmente por alguns diplomas posteriores).

Uma vez completada esta primeira etapa de reformulação, actualização e aperfeiçoamento dos mais importantes diplomas legais, dever-se-á, na nossa opinião, avançar para uma segunda etapa: a reunificação, organização e sistematização num *código* das normas jurídicas gerais relativas ao urbanismo.

A importância da elaboração, aprovação e publicação de um *Código do Urbanismo* para os órgãos da Administração Pública com competências no domínio do urbanismo, para os tribunais, os particulares e, de um modo geral, para todos aqueles que se dedicam à *"praxis"* do urbanismo não carece de qualquer demonstração, por ser patente e manifesta.

Será essa uma obra de transcendente significado, que virá coroar as reformas até agora realizadas e outras em vias de concretização.

Passemos, então, a referir os grandes domínios de incidência dos diplomas legislativos recentemente surgidos no domínio do urbanismo e a expor, em traços breves, as linhas norteadoras da acção reformadora empreendida pelo legislador.

II – OS GRANDES DOMÍNIOS DE INCIDÊNCIA DAS RECENTES REFORMAS LEGISLATIVAS

1. **As alterações ao regime jurídico da planificação urbanística**

1.1. *Aspectos gerais*

O primeiro grande domínio de incidência das recentes reformas legislativas foi o da planificação urbanística.

Não correremos riscos desmesurados se afirmarmos que, no vasto leque de reformas realizadas nos últimos anos no campo do direito do urbanismo, foi este o sector considerado *prioritário* pelo Governo. Isto resulta claro, desde logo, da análise de três factores.

O primeiro tem a ver com a circunstância de, no conjunto dos novos diplomas legais aprovados por aquele órgão de soberania no lapso temporal acima referenciado, a dianteira ter pertencido ao diploma que reformulou a disciplina dos planos regionais de ordenamento do território (PROT) – o Decreto--Lei n.º 176-A/88, de 18 de Maio.

O segundo relaciona-se com a criação pelo executivo de *estímulos* e *incentivos*, designadamente financeiros, destinados aos municípios, com vista à elaboração e aprovação pelos mesmos de planos directores municipais([1]).

([1]) Os incentivos financeiros do Estado aos municípios para a elaboração de planos directores municipais estão previstos essencialmente no artigo 10.º, n.º 2, do Decreto-Lei n.º 363/88, de 14 de Outubro, e no despacho conjunto dos Ministros do Planeamento e da Administração do Território e das Obras Públicas, Transportes e Comunicações, de 31 de Janeiro de 1989, publicado no DR, II Série, n.º 259, de 10 de Novembro de 1989, cuja duração foi alargada, pelo Decreto-Lei n.º 25/92, de 25 de Fevereiro, ao ano de 1992.

Nos termos daquele preceito legal e do referido despacho conjunto, a concessão de participação financeira por parte do Estado aos municípios que procedam à elaboração de planos directores municipais pode atingir o montante máximo de 50% do respectivo custo.

Não se ficou, porém, o legislador pela concessão de apoio financeiro do Estado aos municípios para a elaboração de planos directores municipais. Foi mais longe e estabeleceu uma verdadeira *obrigação de planificação*, ao determinar que as câmaras municipais deviam promover a elaboração e aprovação dos planos directores municipais dos respectivos municípios até 31 de Dezembro de 1992, com a cominação de que, a partir desta data, a declaração de utilidade pública para efeitos de expropriação da iniciativa das autarquias locais, bem como a celebração de contratos-programa, plurisectoriais ou sectoriais, e de acordos de colaboração entre a administração central e os municípios, ao abrigo do Decreto-Lei n.º 384/ /87, de 24 de Dezembro, e a concessão de auxílios financeiros por parte do Estado aos municípios, nos termos do Decreto-Lei n.º 363/88, de 14 de Outubro, ficam condicionadas à existência de plano director municipal plenamente eficaz (cfr. o artigo 32.º, n.ºs 1 e 2, do Decreto-Lei n.º69/90, de 2 de Março, e o Decreto-Lei n.º 25/92, de 25 de Fevereiro).

Apesar destas medidas legislativas, decorridos alguns meses sobre a data de 1 de Janeiro de 1993, o número de planos directores municipais aprovados e ratificados ainda não é muito significativo, como se verá um pouco mais à frente.

Para atalhar a esta situação de atraso na conclusão de vários planos directores municipais, aprovou o Governo, há muito pouco tempo, o Decreto-Lei n.º 281/93, de 17 de Agosto, o qual, com o objectivo de "acelerar o processo de aprovação dos planos directores municipais, tornando mais célere a intervenção da administração central no processo de aprovação da

O terceiro liga-se à iniciativa governamental de revisão e reunificação, num mesmo diploma legal, do regime jurídico dos planos municipais de ordenamento do território, de carácter *global* – isto é, aqueles que estabelecem um ordenamento *integral* do território por eles abrangido e disciplinam todos os *usos* e

---

queles planos" (cfr. o respectivo preâmbulo), criou uma Comissão Permanente de Apreciação dos Planos Directores Municipais, a vigorar até 31 de Dezembro de 1993, e a cuja composição e competência haveremos de voltar em local mais adequado (cfr. *infra*, nota 18).

Naquele mesmo diploma legal, veio o Governo atenuar a rigidez dos preceitos normativos acima referidos, permitindo a declaração de utilidade pública para efeitos de expropriação e a celebração de acordos de cooperação técnica e financeira entre o Governo e os municípios não dotados de plano director municipal eficaz, em situações excepcionais e quando estejam em causa empreendimentos de relevante interesse público. De facto, nos termos do n.º 1 do artigo 6.º do Decreto-Lei n.º 281/93, é dispensada a condição da existência de plano director municipal plenamente eficaz para a declaração de utilidade pública para efeitos de expropriação da iniciativa das autarquias locais, prevista no artigo 32.º do Decreto-Lei n.º 69/90, de 2 de Março, e para a celebração de acordos de cooperação técnico-financeira entre o Estado e os municípios, prevista na alínea a) do n.º 1 do artigo 6.º e no n.º 2 do artigo 17.º do Decreto-Lei n.º 384/87, de 24 de Dezembro, e, bem assim, na alínea a) do n.º 1 do artigo 6.º e no artigo 10.º do Decreto-Lei n.º 363/88, de 14 de Outubro, desde que se verifiquem cumulativamente os seguintes requisitos: a comissão técnica ou de acompanhamento do plano director municipal informe que o projecto subjacente à expropriação, contrato-programa, acordo ou auxílio financeiro se adequa ao plano em elaboração, não comprometendo a sua execução, nem a tornando mais difícil ou onerosa; o projecto seja considerado de relevante interesse público; e a não conclusão do plano director municipal no prazo previsto no Decreto-Lei n.º 25/92, de 25 de Fevereiro (31 de Dezembro de 1992), seja da responsabilidade de entidades exteriores ao município. Os dois últimos requisitos apontados são verificados, casuisticamente, por despacho do Ministro do Planeamento e da Administração do Território, ou, quando for caso disso, por despacho conjunto daquele Ministro e do ministro responsável pelo departamento ao qual compete a apreciação final do processo (cfr. o n.º 2 do artigo 6.º do citado diploma legal).

destinos do espaço(²) –, através do Decreto-Lei n.º 69/90, de 2 de Março (o qual sofreu algumas alterações com o Decreto-Lei n.º 211/92, de 8 de Outubro), e que são, como é sabido, os planos directores municipais (PDM), os planos de urbanização e os planos de pormenor.

O Governo-legislador parece, assim, ter assumido a ideia de que uma reforma do sistema jurídico urbanístico deve iniciar-se sempre pela revisão do regime dos planos que disciplinam a ocupação, uso e transformação do solo. Trata-se, na nossa perspectiva, de uma ideia correcta. Com efeito, os planos urbanísticos, sobretudo os de âmbito municipal, constituem o *núcleo central* ou o *instituto fundamental* de todo o direito do urbanismo(³) – pode dizer-se que uma administração e uma prática urbanísticas realizadas ao acaso, não enquadradas nas metas e nos meios definidos por um plano, são realidades que repugnam ao hodierno sistema jurídico urbanístico.

(²) Cfr. a nossa obra *O Plano Urbanístico* e o *Princípio da Igualdade*, Coimbra, Almedina, 1990, p. 187.

(³) O posicionamento privilegiado da planificação urbanística de âmbito municipal (*Bauleitplanung*) – que abrange, no direito alemão, o plano de utilização de zonas ou plano de zonamento (*Flächennutzungsplan*) e o plano de urbanização ou plano de utilização do solo com fins de edificação (*Bebauungsplan*) – no seio do direito do urbanismo é vincado pela doutrina germânica. Assim, M. Krautzberger escreve que a planificação municipal é concebida pelo Código do Urbanismo (*Baugesetzbuch*) como "o instrumento central do Direito do Urbanismo". Por sua vez, Schmidt-Assmann salienta que a planificação municipal é vista como uma "peça essencial do moderno Direito do Urbanismo". Cfr. M. Krautzberger, in Battis/Krautzberger/Löhr, *Baugesetzbuch*, 3ª ed., München, Beck, 1991, §1, p.22.

Também no direito do país vizinho, o plano é considerado como "a base necessária e fundamental de todo o ordenamento urbanístico" e como "o eixo em torno do qual gira a disciplina do urbanismo" [cfr., por todos, J. M. Lobato Gómez, *La Participacion Privada en la Formacion de Planes de Ordenacion Urbana*, in Revista de Derecho Urbanistico, Ano XXIII, n.º 114 (1989), p. 47, 48].

Enquanto actos simultaneamente de criação e de aplicação do direito, os planos urbanísticos constituem um instrumento de *programação* e de *coordenação* de decisões administrativas individuais com incidência na ocupação do solo. Para além de uma função natural de *ordenamento*, que impede que a evolução e o desenvolvimento urbanísticos sejam deixados ao respectivo "crescimento natural" *(natürlichen Wachsen)*([4]), os planos territoriais surgem como instrumentos vinculativos da actividade urbanística da Administração Pública, de natureza individual e concreta, constituindo, assim, um travão à ilegalidade e ao arbítrio.

Para os particulares, em especial os proprietários do solo ou os titulares de outros direitos reais que sobre ele incidam, a existência de planos urbanísticos é, de igual modo, especialmente vantajosa. Na medida em que os planos definem os princípios e regras respeitantes à ocupação, uso e transformação do solo, ficam aqueles a conhecer qual o *tipo* e *intensidade* de utilização que podem dar à sua parcela de terreno. Em relação aos particulares, os planos urbanísticos constituem, deste modo, um *factor de previsibilidade* das decisões administrativas de gestão urbanística.

A estas vantagens decorrentes da planificação urbanística acresce outra de inegável importância: a influência benéfica que a existência de planos tem sobre o mercado de solo para fins de edificação. Na verdade, a definição antecipada pelo plano urbanístico dos terrenos destinados à edificação (para fins habitacionais, comerciais ou industriais) e da intensidade da sua vocação edificatória inspira confiança nos agentes interessados na realização de operações de transformação do solo, designadamente a construção, e estimula, pela via do reforço da *segurança*, o comércio desta classe de terrenos([5]).

([4]) Cfr. E. Schmidt-Assmann, *Grundfragen des Städtebaurechts*, Göttingen, Schwartz, 1972, p.70.

([5]) Cfr.a nossa obra *O Plano Urbanístico*, cit., p. 331, 332.

1.2. A nova disciplina dos planos regionais de ordenamento do território

Como já referimos, o Decreto-Lei n.º176-A/88, de 18 de Maio (alterado pelo Decreto-Lei n.º367/90, de 26 de Novembro), estabeleceu um novo regime para os PROT. Finalidade precípua deste diploma legal foi a introdução de uma disciplina jurídica operativa, que possibilitasse a elaboração deste tipo de planos, ultrapassando, assim, as deficiências do conteúdo do Decreto-Lei n.º 383/83, de 20 de Julho, que, não obstante ter criado e disciplinado a figura dos PROT, não foi capaz, por falta de regulamentação das suas disposições, de gerar qualquer plano regional de ordenamento do território.

Os PROT são concebidos pelo legislador como "instrumentos de carácter programático e normativo", visando o correcto ordenamento do território, através do desenvolvimento harmonioso das suas diferentes parcelas pela optimização das implantações humanas e do uso do espaço e pelo aproveitamento racional dos seus recursos (artigo 1.º). Entre os seus objectivos, contam-se o estabelecimento de *normas gerais* de ocupação e utilização que permitam fundamentar um correcto zonamento, utilização e gestão do território abrangido e, bem assim, a definição das *opções* e a fixação *dos critérios* de organização e uso do espaço [artigo 3.º, alíneas b) e c)]. A sua função primordial é a fixação de regras e directivas respeitantes à ocupação e utilização do espaço – que traduzem a consideração de interesses nacionais, regionais ou supramunicipais relevantes –, as quais devem ser desenvolvidas e pormenorizadas nos planos de âmbito municipal [artigo 5.º, n.º 2, alínea e), do Decreto-Lei n.º 69/90, de 2 de Março].

Sob o ponto de vista territorial, os *PROT* abrangem áreas pertencentes a mais de um município, definidas quer pela sua homogeneidade em termos económicos, ecológicos ou outros, quer por representarem interesses ou preocupações que, pela sua interdependência, necessitam de consideração integrada (artigo 2.º).

A elaboração dos planos de que vimos falando é determinada mediante resolução do Conselho de Ministros, ouvidas as câmaras municipais envolvidas, dela devendo constar, pelo menos, a definição da área a abranger pelo PROT, a especificação dos objectivos a atingir e dos domínios sectoriais a privilegiar e a composição da comissão consultiva (artigo 4.º, n.º 1). A elaboração dos PROT é da competência do Ministério do Planeamento e da Administração do Território, através da competente comissão de coordenação regional, com a colaboração da respectiva comissão consultiva e dos departamentos da administração central interessados, bem como dos municípios abrangidos (artigo 6.º, n.º 1). No procedimento de elaboração dos PROT, estão previstas consultas às populações sobre o conteúdo e propostas daqueles, por meio da realização de reuniões públicas pelo menos na sede de cada um dos municípios por eles abrangidos (artigo 10.º).

Os PROT são aprovados pelo Governo mediante decreto regulamentar (artigo 11.º, n.º 6, do Decreto-Lei n.º 176-A/88, na redacção do Decreto-Lei n.º 367/90). Não vamos prosseguir na senda da caracterização desta figura planificatória[6], pois isso implicaria percorrer um caminho muito extenso, mas tão-só abordar, *brevitatis causa*, duas das questões mais relevantes suscitadas pelo seu regime jurídico: de um lado, o *grau* ou *intensidade* da vinculação das suas disposições em face dos planos hierarquicamente inferiores, designadamente os PDM, e, do outro lado, a *natureza* dos seus efeitos jurídicos em relação aos particulares.

No âmbito da primeira, situa-se a distinção entre os princípios da *conformidade* e da *compatibilidade* — que são utiliza-

---

[6] Uma sinopse do regime jurídico dos PROT pode ver-se em J. J. Gonçalves de Proença, *Regime Jurídico do Planeamento Territorial Português*, Separata da Lusíada-Revista de Ciência e Cultura (Série Arquitectura), n.º 1 (1992), p.8-15.

dos no artigo 12.º do Decreto-Lei n.º 176-A/88 como sinónimos, mas que são conceitos diferentes. De facto, a obrigação de compatibilidade é menos rigorosa do que a obrigação de conformidade. Enquanto a relação de conformidade exclui qualquer diferença entre os elementos de comparação – precisamente os elementos a respeitar, de um lado, e do outro, os elementos subordinados, que devem ser conformes aos primeiros –, a relação de compatibilidade exige somente que não haja contradição entre eles. Tendo em conta a configuração do PROT essencialmente como um instrumento de carácter *programático*, estamos convencidos de que as relações entre o PDM e aquele devem ser entendidas com base no princípio da *compatibilidade*. Significa que os municípios dispõem de um amplo poder discricionário na escolha das soluções que dizem respeito ao ordenamento do espaço municipal, sendo-lhes vedadas apenas aquelas que contrariarem as *directivas* dos PROT ou que ponham em causa as opções fundamentais neles condensadas ou o destino geral dos solos neles traçado. A *vinculatividade* das normas e princípios dos PROT em relação às prescrições dos planos territoriais de âmbito municipal deve ser interpretada em conjugação com o princípio da *compatibilidade* e não com o princípio da *conformidade*([7]).

([7]) Para mais desenvolvimentos, cfr. a nossa obra *O Plano Urbanístico*, cit., p. 194-197, nota 53. Os artigos L.122-1,alínea 5, e R. 122-27 do *Code de l'Urbanisme* francês determinam que os *planos de ocupação dos solos* (P.O.S.) – documentos que, nos termos do artigo L. 123-1 daquele Código, constituem os principais instrumentos de âmbito local de planificação urbanística, destinados a fixar "as regras e as servidões de utilização dos solos que podem designadamente comportar a interdição de construir" – devem, a par de outros programas e decisões, ser *compatíveis* com as disposições dos *esquemas directores* – documentos prospectivos que "fixam as orientações fundamentais do ordenamento dos territórios abrangidos, tendo em conta o equilíbrio que convém preservar entre a extensão urbana, o exercício das actividades agrícolas, de outras actividades económicas e a preservação dos sítios e paisagens naturais ou urbanas" e "deter-

Convém salientar, a este propósito, que, em alguns planos regionais de ordenamento do território recentemente aprovados, vamos encontrar uma referência expressa à obrigação de com-

minam o destino geral dos solos e, sempre que necessário, a natureza e o traçado dos grandes equipamentos de infra-estruturas, em particular de transporte, e a localização dos serviços e das actividades mais importantes".

O *Conseil d'État* francês considerou,no *Arrêt "Sieur Adam et autres"*, de 22 de Fevereiro de 1974, que "são compatíveis as disposições que não põem em causa nem as opções fundamentais do esquema, nem o destino geral dos solos" e que não comprometem "nem a manutenção dos espaços arborizados, nem a protecção dos sítios" (cfr.J.-P.Gilli/ H. Charles/ J. de Lanversin, *Les Grands Arrêts du Droit de l'Urbanisme*, 3ª ed., Paris, Sirey, 1989, p. 142-150). Ao longo de vários anos, a jurisprudência administrativa francesa mostrou-se pouco rigorosa na apreciação da compatibilidade das disposições dos P.O.S. com os *esquemas directores*. Mas, nos últimos tempos, vem o *Conseil d'État* adoptando uma postura mais exigente no controlo da relação de compatibilidade entre aqueles dois instrumentos de planificação urbanística. São, por isso, já abundantes os exemplos de anulações totais ou parciais de P.O.S. julgados não compatíveis com esquemas directores. Assim, aquele órgão não aceitou que um P.O.S. incluísse numa zona susceptível de construção terrenos que o esquema director tinha classificado como "espaços verdes-parque urbano" (*Arrêt* de 11 de Fevereiro de 1991, "S.A.H.L.M. *Artois logement*"); não admitiu que um P.O.S. classificasse em zona de urbanização espaços arborizados num sector em que o esquema director tinha previsto um sítio natural protegido (*Arrêt* de 7 de Dezembro de 1990, "*Commune de Lège-Ferret*"); e não consentiu que um P.O.S. tivesse classificado em zona de urbanização terrenos que o esquema director tinha anteriormente considerado, com a finalidade de protecção de zonas vitícolas, como terrenos "de máxima protecção" (*Arrêt* de 30 de Janeiro de 1991, "*Commune de Portets*"). Cfr. H. Jacquot, *Schémas Directeurs, in Urbanisme* (dir. Y. Jegouzo), Paris, Dalloz,1992, p. 845; J. Morand-Deviller, *Droit de l'Urbanisme*, Paris, Dalloz, 1992, p. 41; P. Gérard, *Pratique du Droit de l'Urbanisme*, Paris, Eyrolles, 1993, p. 39; e F. Bouyssou/J. Hugot, *Code de l'Urbanisme, Commenté et Annoté*, Paris, Litec, 1992, p. 486,487.

Em contrapartida, o *Conseil d'État* francês não anulou um decreto contendo a *declaração de utilidade pública* da construção de uma auto--estrada – a qual se enquadra "nos grandes trabalhos de equipamento", que,

patibilidade como critério definidor das relações de hierarquia entre aqueles instrumentos de planificação e os planos municipais de ordenamento do território([8]).

nos termos da alínea d) do artigo R.122-27 do *Code de l'Urbanisme*, devem ser compatíveis com os *esquemas directores* –, cujo traçado se desviava em 6,5 quilómetros do inicialmente previsto no *esquema director de ordenamento e de urbanismo* (S.D.A.U.), recentemente aprovado (*Arrêt* de 22 de Fevereiro de 1974, "*Sieur Adam et autres*"). De igual modo, o *Conseil d'État* admitiu *certas discordâncias* entre os limites das zonas previstas pelo *esquema director* e as delineadas pelo P.O.S., desde que "a área para fins urbanísticos classificada pelo P.O.S. não ponha em causa as opções de ordenamento do sector e não comprometa nem a manutenção dos espaços arborizados, nem a protecção dos sítios naturais, tal como estão previstos no esquema director" (*Arrêt* de 23 de Outubro de 1987, "*Epoux Fourmier*"). Cfr. H. Jacquot, *Schémas Directeurs*, loc. cit.; J. Morand-Deviller, *Droit de l'Urbanisme*, loc. cit.; e J.-P. Gilli/H. Charles/ J.de Lanversin, ob cit., p. 142,143.

([8]) Assim sucede com o artigo 6.º do Decreto Regulamentar n.º 11//91, de 21 de Março – que aprovou o Plano Regional de Ordenamento do Território para o Algarve (PROT-Algarve) – e, bem assim, com o artigo 7.º do Decreto Regulamentar n.º 22/92, de 25 de Setembro, que aprovou o Plano Regional de Ordenamento do Território para a Zona Envolvente das Barragens da Aguieira, Coiço e Fronhas (PROZAG). Estabelece, na verdade, aquele primeiro preceito – sendo de teor semelhante a disposição indicada em segundo lugar – que "os planos municipais de ordenamento do território desenvolvem e pormenorizam as regras e directivas constantes do PROT-Algarve, devendo o regime de ocupação, uso e transformação do solo a estabelecer nesses planos ser compatível com o regime definido neste diploma".Esclarecedor é ainda o seguinte trecho do intróito do Decreto Regulamentar n.º 11/91: "No tocante ao valor vinculativo das normas constantes do PROT-Algarve e à obrigação de compatibilização imposta a quaisquer outros planos, programas ou projectos de carácter nacional,regional ou local decorrentes do disposto no artigo 12.º do Decreto-Lei n.º 176-A/88, de 18 de Maio, optou-se pelo estabelecimento de uma relação de equilíbrio útil que assegure o respeito e a obediência aos valores e princípios fundamentais consagrados no PROT-Algarve e, ao mesmo tempo, garanta uma margem de acção suficiente e necessária para que nos demais planos, programas e projectos se tomem as opções e se determinem

Na segunda questão, insere-se a controvérsia sobre a eficácia *plurisubjectiva* dos PROT. É indiscutível que eles produzem efeitos jurídicos em relação ao próprio sujeito a quem é imputado o plano — o Estado —, bem como em face de outras entidades públicas — em especial os municípios e as associações de municípios —, sendo, por conseguinte, uma manifestação simultaneamente da *autoplanificação* e da *heteroplanificação*([9]). Mas podem levantar-se dúvidas sobre se os PROT produzem efeitos jurídicos *directos* e *imediatos* em relação aos particulares, ou se, ao invés, as suas prescrições somente vinculam os particulares de modo *indirecto* ou *mediato*, isto é, se as normas e os princípios dos PROT apenas afectam a esfera jurídica dos particulares *por interposto plano municipal de ordenamento do território*.

A tese da eficácia jurídica *indirecta* ou *mediata* das disposições dos *PROT* em face dos particulares, em especial os proprietários dos terrenos, alicerça-se no pressuposto de que o território abrangido por um *PROT* está coberto por outros planos de âmbito mais circunscrito, designadamente planos directores municipais e planos de urbanização. Partindo deste pressuposto e argumentando com o carácter meramente *"programático"* do PROT (artigo 1.º do Decreto-Lei n.º 176/A/88) e, bem assim, com a grande extensão de área abrangida por este instrumento de planificação, defendemos, em anterior escrito ([10]), que os PROT têm um conteúdo tão impreciso que não é possível descobrir neles a definição concreta dos *tipos* e das *intensidades* de utilização das várias parcelas de terrenos.

É possível, no entanto, sustentar a opinião de que as normas e princípios constantes dos PROT vinculam *directa* e *ime-*

---

as acções que melhor resposta dêem aos objectivos próprios e específicos tratados nesses instrumentos".

([9]) Sobre o sentido destes vocábulos, cfr. a nossa obra *O Plano Urbanístico*, cit., p. 208 ss..

([10]) Cfr. *O Plano Urbanístico*, cit., p. 208 ss..

diatamente os particulares ([11]). E não faltam, para isso, vários fundamentos: o disposto no artigo 12.º, n.º1, do Decreto-Lei n.º 176//A/88, que fala em vinculação de todas as entidades privadas pelas normas e princípios constantes dos PROT, sem distinguir entre vinculação directa e indirecta; a disciplina pelo PROT da ocupação, uso e transformação do solo, através da afectação de áreas do território a determinadas vocações (artigo 9.º, n.º 4, do Decreto-Lei n.º 176/A/88, na redacção do Decreto-Lei n.º 367/90), da qual pode resultar *imediatamente* um leque de proibições de utilização do solo, designadamente a construção, cujos destinatários são também os particulares ([12]); e a consagração na lei, por um lado, do princípio segundo o qual a violação das disposições do plano regional de ordenamento do território constitui motivo de indeferimento dos pedidos de licenciamento das operações de loteamento (artigos 13.º, n.º 1, alínea a), e 44.º, n.º 2, do Decreto-Lei n.º 448/91, de 29 de Novembro) e dos pedidos de licenciamento de obras particulares (artigo 63.º, n.º 1, alínea a), do Decreto-Lei n.º 445/91, de 20 de Novembro) – sendo nulos os actos administrativos de licenciamento de operações de loteamento e de obras de construção civil que infrinjam as prescrições dos PROT (artigos 56.º, n.º 1, alínea b), do Decreto-Lei n.º 448/91, 52.º, n.º 1, alínea b), do Decreto-Lei n.º 445//91 e 12.º, n.º 2, do Decreto-Lei n.º 176-A/88) – e, por outro lado, da regra da caducidade das licenças de loteamento, de obras de urbanização e de construção, devidamente tituladas, designadamente por

---

([11]) É o que sucede com D. Freitas do Amaral [cfr. *Direito do Urbanismo (Sumários),* Lisboa, 1993, p. 69,70] e com Nuno da Silva Salgado [cfr. *Infracções Urbanísticas, in* Revista de Direito Autárquico, Ano 1.º, n.º 1 (1992), p. 65,66].

([12]) Repare-se, porém, que, nos termos do n.º 3 do artigo 9.º do Decreto-Lei n.º 176-A/88 (na versão introduzida pelo Decreto-Lei n.º 367/90), o PROT está dispensado de identificar ou demarcar áreas, solos ou bens, quando estes elementos não tiverem expressão gráfica à escala utilizada na sua elaboração, pelo que a disciplina da ocupação, uso e transformação do solo constante do PROT há-de ter sempre um conteúdo muito genérico.

alvarás, bem como das aprovações de localização, das aprovações de anteprojecto ou de projecto de construção de edificações e de empreendimentos turísticos, emitidas anteriormente à data da entrada em vigor de um PROT, e que sejam contrárias às normas de uso, ocupação e transformação do solo dele constantes (cfr. o Decreto-Lei n.º 351/93, de 7 de Outubro, o qual veio instituir um procedimento de confirmação da compatibilidade daqueles actos com as disposições de um PROT surgido posteriormente), consagração essa que inculca a ideia de que as disposições dos PROT são directamente oponíveis aos particulares.

Poderá ainda contestar-se a legitimidade da contraposição entre a oponibilidade das normas e princípios dos PROT à Administração e a oponibilidade dos mesmos aos particulares, afirmando-se que a primeira acarreta necessariamente a segunda. Com efeito, se o artigo 12.º, n.º 1, do Decreto-Lei n.º 176-A//88 determina que as normas e princípios constantes dos PROT são vinculativos para as entidades públicas, então devem estas tê-los em conta nas decisões que tomam em relação aos particulares, pelo que, por esta via, aqueles tornam-se também oponíveis, ainda que indirectamente, aos particulares ([13]).

([13]) Trata-se de um argumento utilizado por Robert Savy como alicerce da sua tese de oponibilidade dos *"Schémas Directeurs"* aos particulares (cfr. *Droit de l'Urbanisme*, Paris, PUF, 1981, p. 84-86). De igual modo, J.-P. Lebreton salienta que considerar o esquema director oponível à Administração, mas não aos particulares, a não ser mediatamente por intermédio dos planos de ocupação dos solos, é colocar mal o problema, porque é artificial contrapor a Administração aos sujeitos privados. E acrescenta: "Com efeito, se o esquema é oponível à Administração, esta oponibilidade vale também para os actos que ela adopta ..., neles se incluindo as autorizações de urbanismo que outorgue aos particulares. Na realidade, o problema não é saber a quem, mas a que é oponível o esquema director". Cfr. *Droit de L'Urbanisme*, Paris, PUF, 1993, p. 115. Cfr. também J. Chapuisat, *Observações ao Arrêt do Conseil d'État de 26 de Abril de 1985*, "Association pour la sauvegarde du paysage rural de Saint-Martin-du-Vivier et de ses environs", in AJDA, 1985 (6), p. 383,384.

Não vamos prolongar, *hic et nunc*, esta discussão – a qual não se confina às fronteiras do nosso país, já que polémica idêntica se levanta, em outros países europeus, a propósito de figuras jurídicas similares aos nossos PROT: v.g. os *"Schémas Directeurs"* do direito francês e os *"Piani Territoriali di Coordinamento"* e os *"Piani Urbanistici Regionali"* do direito italiano ([14]). Acrescentaremos apenas que a primeira tese enunciada, embora seja inatacável nos seus fundamentos lógicos, enferma de um certo teorismo, uma vez que o pressuposto de que parte nem sempre se verifica na realidade. São, com efeito, frequentes situações de áreas abrangidas por um PROT que não dispõem de qualquer plano municipal de ordenamento do território. Ora, em hipóteses destas, é razoável a aceitação do princípio da *aplicabilidade directa* dos PROT, se não de todas as suas disposições, ao menos daquelas que tenham um conteúdo suficientemente *preciso* que sirva de fundamento a decisões concretas da Administração. É o que acontece com as prescrições dos PROT que classificam determinadas áreas, para efeitos da ocupação, uso e transformação do solo, como zonas de recursos naturais e equilíbrio ambiental, de carácter imperativo (artigos 7.º, n.º 4, e 12.º a 15.º do Decreto Regulamentar n.º 11/91, de 21 de Março, que aprovou o PROT-Algarve), como áreas de uso agrícola (artigos 10.º a 12.º do Decreto Regulamentar n.º 60/91, de 21 de Novembro,

---

([14]) Para mais desenvolvimentos, cfr. a nossa obra *O Plano Urbanístico*, cit., p. 211-214, notas 67 e 68, e bibliografia aí citada. Cfr. ainda, para aquela figura planificatória do direito francês, G. Liet-Veaux/ A. Thuillier, *Droit de la Construction*, 10ª ed.,Paris, Litec, 1991, p. 78,79, H. Jacquot, *Schémas Directeurs*, in *Urbanisme*, cit.,p. 843,844, J. Morand-Deviller, ob. cit., p. 40,41, J.-P. Lebreton, ob. cit., p. 115,116, e P. Gérard, ob. e loc. cits.; e, para aqueles dois instrumentos de planificação supramunicipal do direito italiano, A. Crosetti, *La Pianificazione Urbanistica Sovracomunale, in* Manuale di Diritto Urbanistico (a cura di N. Assini), Milano, Giuffrè, 1991, p. 240-245, e G.C. Mengoli, *Manuale di Diritto Urbanistico*, 3ª ed., Milano, Giuffrè, 1992, p. 59.

que aprovou o Plano Regional de Ordenamento do Território da Zona Envolvente do Douro-PROZED), como zonas agrícolas e florestais de uso imperativo (artigo 23.º do Decreto Regulamentar n.º 22/92, de 25 de Setembro, que aprovou, como já foi referido, o Plano Regional de Ordenamento do Território para a Zona Envolvente das Albufeiras da Aguieira, Coiço e Fronhas--PROZAG) ou como áreas com interesse nacional ou internacional para a conservação da natureza, áreas com interesse regional ou local para a conservação da natureza e outras áreas indispensáveis à estabilidade ecológica e à utilização sustentável dos recursos naturais (artigos 12.º a 18.º do Decreto Regulamentar n.º 26/93, de 27 de Agosto, que aprovou o Plano Regional de Ordenamento do Território do Litoral Alentejano – PROTALI), as quais têm como efeito imediato a proibição de todas as acções, nomeadamente a edificação, que diminuam ou destruam aquelas vocações.

Estamos, por isso, convencidos de que a problemática da *eficácia jurídica* das disposições dos PROT perante os particulares deve, hoje, ser resolvida, fazendo dois tipos de distinções. O primeiro tem a ver com a separação entre a situação em que as regras e as directivas desta figura planificatória foram desenvolvidas e pormenorizadas em planos municipais de ordenamento do território e aquela em que abaixo do PROT não existe qualquer outro plano urbanístico. Na primeira, são as disposições dos planos municipais que vinculam directa e imediatamente os particulares; na segunda, as prescrições dos PROT (*rectius*, algumas delas, precisamente aquelas, do género das acima apontadas, que estabelecem para certas áreas modalidades de utilização do solo que não carecem de qualquer desenvolvimento ou concretização em outros instrumentos de planificação) são directamente aplicáveis aos sujeitos privados ([15]).O segundo diz res-

---

([15]) Note-se que foi este o critério adoptado *explicitamente* no artigo 8.º do Decreto Regulamentar n.º 60/91 e no artigo 6.º, n.º 2, do Decreto

peito à demarcação, no conjunto das previsões dos PROT, daquelas que, pelas suas características, são susceptíveis de aplicação imediata aos particulares, na ausência de qualquer plano municipal de ordenamento do território (das quais já demos alguns exemplos), em face das que têm um conteúdo tão genérico que não podem ser directamente oponíveis aos sujeitos privados. Fazem parte deste último grupo, entre outras, as estatuições dos PROT que classificam certas zonas como áreas de expansão urbana (v.g. artigos 9.º e 10.º do Decreto Regulamentar n.º 11/91 e artigo 39.º do Decreto Regulamentar n.º 60/91), que se limitam a indicar genericamente um destino edificatório para uma vasta zona, ficando a definição e a concretização desse destino para as várias parcelas de terrenos dependentes de ulteriores planos municipais de ordenamento do território.

Não se ficou o Governo pela reformulação da disciplina dos PROT. Procurou levar à prática esta figura planificatória, ordenando a elaboração de um punhado deles: o Plano Regional de

---

Regulamentar n.º 22/92 e *implicitamente* no artigo 5.º, n.º 2, do Decreto Regulamentar n.º 11/91.

Assim, a primeira disposição mencionada estatui que "as normas e princípios constantes do PROZED vinculam todas as entidades públicas e privadas, nos termos do artigo 12.º do Decreto-Lei n.º 176-A/88, de 18 de Maio, e são de aplicação directa nas áreas em que não exista qualquer plano municipal de ordenamento do território ou não disponham de qualquer outro instrumento de planeamento eficaz nos termos da lei".

Por sua vez, o segundo preceito enunciado estabelece que "as normas e princípios constantes do presente diploma são directamente aplicáveis em todo o território abrangido pelo PROZAG, na ausência de planos municipais de ordenamento do território ou de qualquer outro instrumento de planeamento territorial eficaz nos termos da lei".

Finalmente, a norma apontada em terceiro lugar determina que "as normas consagradas no presente diploma aplicam-se directamente em todo o território abrangido pelo PROT-Algarve, sem prejuízo das regras fixadas em planos municipais de ordenamento do território, desde que em conformidade com o PROT-Algarve".

Ordenamento do Território do Algarve, através da Resolução do Conselho de Ministros n.º 33/88 (DR, I Série, n.º 179, de 4 de Agosto de 1988) – aprovado, como se disse, pelo Decreto Regulamentar n.º 11/91, de 21 de Março; o Plano Regional de Ordenamento do Território para a Zona Envolvente do Douro (PROZED), pela Resolução do Conselho de Ministros n.º 45//88 (DR, I Série, n.º 234, de 10 de Outubro de 1988) – aprovado, como se referiu, pelo Decreto Regulamentar n.º 60/91, de 21 de Novembro; o Plano Regional de Ordenamento do Território do Litoral Alentejano, por meio da Resolução do Conselho de Ministros n.º 8/89 (DR, I Série, n.º 48, de 27 de Fevereiro de 1989) – aprovado, como se realçou, pelo Decreto Regulamentar n.º 26/93, de 27 de Agosto; o Plano Regional de Ordenamento do Território para Área Metropolitana de Lisboa, através da Resolução do Conselho de Ministros n.º 21/89 (DR, I Série, n.º 111, de 15 de Maio de 1989) – alterada pela Resolução do Conselho de Ministros n.º 11/92 (DR, I Série-B, n.º 98, de 28 de Abril de 92); o Plano Regional de Ordenamento do Território para a Zona Envolvente das Albufeiras de Aguieira, Coiço e Fronhas (PROZAG), pela Resolução do Conselho de Ministros n.º 34/89 (DR, I Série, n.º 224, de 28 de Setembro de 1989) – aprovado, como foi salientado, pelo Decreto Regulamentar n.º 22/92, de 25 de Setembro; o Plano Regional de Ordenamento do Território do Centro Litoral, mediante a Resolução do Conselho de Ministros n.º 38/90 (DR, I Série, n.º 213, de 14 de Setembro de 1990); e, por fim, o Plano Regional de Ordenamento do Território do Alto Minho (PROTAM), pela Resolução do Conselho de Ministros n.º 49/93 (DR, I Série-B, n.º 132, de 7 de Junho de 1993) ([16]).

([16]) O âmbito territorial de aplicação dos PROT já aprovados e em elaboração é variado. No caso do PROT-Algarve, são abrangidos todos os municípios do distrito de Faro. No PROZED, está incluída a área, designada por "Zona Envolvente do Douro", dos municípios de Alijó, Arma-

1.3. *O novo regime dos planos municipais de ordenamento do território*

Especial relevo assume, no contexto das reformas no domínio da planificação urbanística, o novo regime jurídico dos planos municipais de ordenamento do território — designação genérica que abrange os PDM, os planos de urbanização e os planos de pormenor —, condensado,como já se referimos, no Decreto-Lei n.º 69/90, de 2 de Março (emitido no uso da autorização legislativa concedida pela Lei n.º 93/89, de 12 de Setembro), o qual, como também já foi acentuado, viu a redacção

---

mar, Baião, Castelo de Paiva, Cinfães, Lamego,Marco de Canaveses, Mesão Frio, Penafiel, Peso da Régua, Resende, Sabrosa e Tabuaço e ainda, no município de Gondomar, as freguesias de Medas,Melres e Lomba e a parte da freguesia de Covelo a montante de barragem de Crestuma-Lever. O PROZAG abrange a parte do território dos municípios de Arganil, Carregal do Sal, Mortágua, Penacova, Santa Comba Dão e Tábua, que margina as albufeiras de Aguieira, Coiço e Fronhas, delimitadas nas cartas anexas ao Decreto Regulamentar n.º 22/92.

O PROT do Litoral Alentejano engloba os municípios de Alcácer do Sal, Grândola, Santiago do Cacém, Sines e Odemira. Por sua vez, o PROT da Área Metropolitana de Lisboa virá a incluir os municípios de Amadora, Cascais, Lisboa, Loures, Mafra, Oeiras, Sintra e Vila Franca de Xira, do distrito de Lisboa, bem como os municípios de Alcochete, Almada, Barreiro, Moita, Montijo, Palmela, Seixal, Sesimbra e Setúbal, do distrito de Setúbal. O PROT do Centro Litoral abarcará a área definida pelas Unidades Territoriais para Fins Estatísticos (NUT) do Baixo Vouga, Baixo Mondego e Pinhal Litoral, correspondendo aos seguintes municípios: Águeda, Albergaria-a-Velha, Anadia, Aveiro, Estarreja, Ílhavo, Mealhada, Murtosa, Oliveira do Bairro, Ovar, Sever do Vouga, Vagos, Cantanhede, Coimbra, Condeixa, Figueira da Foz, Montemor-o-Velho, Penacova, Soure, Batalha, Leiria, Marinha Grande, Pombal e Porto de Mós. Finalmente, o PROTAM estender-se-á ao território correspondente aos agrupamentos de municípios do vale do Minho (Caminha, Melgaço, Monção, Paredes de Coura, Valença e Vila Nova de Cerveira) e do vale do Lima (Arcos de Valdevez, Ponte da Barca, Ponte de Lima e Viana do Castelo). Cfr. as Resoluções do Conselho de Ministros e os Decretos Regulamentares indicados no texto.

de alguns dos seus preceitos alterada pelo Decreto-Lei n.º 211/ /92, de 8 de Outubro. Os méritos daquele diploma legal são inegáveis. Derivam, desde logo, da circunstância de ter eliminado a *desarticulação* entre os regimes jurídicos dos planos municipais à altura vigentes, os quais, tendo sido aprovados em momentos históricos distintos, eram enformados por princípios e concepções divergentes quanto à planificação do território – repare-se que os planos gerais e parciais de urbanização e os planos de pormenor eram regulados pelos Decretos-Leis n.ºs 560/ /71 e 561/71, ambos de 17 de Dezembro, enquanto os planos directores municipais eram disciplinados pelo Decreto-Lei n.º 208/82, de 26 de Maio – e, bem assim, do facto de ter operado a reunificação, num único diploma, da disciplina dos três tipos mais importantes de planos territoriais de âmbito municipal.

Seria desproposidado, numa palestra que deve circunscrever-se à exposição das ideias-força das reformas introduzidas nos últimos anos no *"corpus"* jurídico-urbanístico português, analisar detalhadamente o travejamento jurídico dos planos municipais de ordenamento do território. Vamos, por isso, tão--só referir-nos a dois pontos específicos do seu regime e depois indicar, com a desejável brevidade, algumas deficiências que encontramos na disciplina trazida pelo Decreto-Lei n.º 69/90.

O primeiro diz respeito ao modo como o referido diploma legal regula o *procedimento de formação dos planos municipais*. O procedimento administrativo de planificação, entendido como uma "sucessão ordenada de actos e formalidades tendentes à formação e manifestação da vontade da Administração Pública" (artigo 1.º, n.º 1, do Código do Procedimento Administrativo, aprovado pelo Decreto-Lei n.º 442/91, de 15 de Novembro), *in casu*, a aprovação dos planos urbanísticos de âmbito municipal, encontra--se minuciosamente desenhado no Decreto-Lei n.º 69/90 ([17]).

([17]) A definição de procedimento administrativo constante do n.º 1 do artigo 1.º do Código de Procedimento Administrativo não é determi-

No contexto daquele, reveste particular significado a *colaboração* de vários sujeitos de direito público na formação

---

nada por objectivos teóricos, mas práticos (cfr. D. Freitas do Amaral / João Caupers / João Martins Claro / João Raposo / Pedro Siza Vieira / Vasco Pereira da Silva, *Código do Procedimento Administrativo Anotado*, Coimbra, Almedina, 1992, p. 25,26), não pretendendo, por isso, tomar partido sobre as elaborações conceituais que a doutrina portuguesa e estrangeira vêm avançando sobre o procedimento administrativo [neste sentido, cfr. Rui Machete, *Código do Procedimento Administrativo e Legislação Complementar (Introdução)*, Lisboa, Aequitas/ Diário de Notícias, 1992, p. 15]. Sobre o conceito de procedimento administrativo na nossa doutrina , cfr.,por todos, R. Ehrhardt Soares, *Direito Administrativo*, Coimbra, 1978, p. 141 ss., e *A propósito dum projecto legislativo: o chamado Código do Processo Administrativo Gracioso*, in RLJ, Ano 115.º, n.ᵒˢ 3694, p. 14 ss., 3695, p. 40 ss., 3699, p. 173 ss., 3702, p. 261 ss., 3703, p. 295 ss., Ano 116.º, n.º 3716, p. 324 ss., e Ano 117.º, n.º 3720, p. 65 ss.; J.J. Gomes Canotilho, *Procedimento Administrativo e Defesa do Ambiente*, in RLJ, Ano 123.º, n.ᵒˢ 3795, p. 170, 171, e 3798, p. 261-266; e Paulo Ferreira da Cunha, *O Procedimento Administrativo*, Coimbra, Almedina, 1987, p. 59 ss..

Refira-se que o procedimento de elaboração dos planos municipais, regulado no Decreto-Lei n.º 69/90, sofre significativos desvios no caso dos planos de ordenamento (plano de urbanização e planos de pormenor), para a zona declarada área crítica de recuperação e reconversão urbanística pelo Decreto-Lei n.º 16/93, de 13 de Maio, com vista à realização da Exposição Internacional de Lisboa de 1998 (EXPO 98) e reordenamento urbano dela decorrente, desvios esses considerados pelo Decreto-Lei n.º 354/93, de 9 de Outubro (emitido ao abrigo da autorização legislativa concedida pela Lei n.º 57/93, de 6 de Agosto), imprescindíveis ao êxito daquele projecto de relevante interesse público nacional. De facto, de harmonia com o artigo 2.º deste diploma legal, aqueles planos – com os quais se devem articular os vários planos municipais de ordenamento do território incidentes ou relacionados com a zona declarada área crítica de recuperação e reconversão urbanística – são elaborados pela sociedade Parque EXPO 98, S. A., criada pelo Decreto-Lei n.º 88/93, de 23 de Março, e aprovados pelo Ministro das Obras Públicas, Transportes e Comunicações, sendo o acto de aprovação precedido de parecer de uma comissão técnica de acompanhamento, presidida por um representante do Ministro da Presidência e constituída por representantes dos Ministros das Finanças, do Planeamento e da Ad-

dos planos – a expressar a ideia de que estes são o produto de uma *cooperação* e de uma *concertação* entre vários órgãos da administração directa do Estado, da administração indirecta do Estado e da administração local, cujas competências incidam sobre o território a abranger pelos planos municipais, devendo os mesmos espelhar, na medida do possível, uma *harmonização* ou uma *concertação dos conflitos* de interesses públicos representados pelos vários sujeitos da Administração Pública. Essa *colaboração* apresenta várias manifestações: o acompanhamento pela administração central da elaboração dos planos municipais, ora pela via da constituição de uma *comissão técnica*, no caso da elaboração de um PDM (artigo 6.°, n.ᵒˢ 4 a 9, do Decreto-Lei n.° 69/90, na versão do Decreto-Lei n.° 211/92), ora através da comissão de coordenação regional, tratando-se de plano de urbanização ou de plano de pormenor (artigo 6.°, n.° 3, do mesmo diploma legal, na redacção introduzida pelo Decreto--Lei n.° 211/92); a obrigação de solicitação de parecer, uma vez concluída a elaboração de um plano municipal, às entidades nele interessadas em função da área abrangida e das propostas nele formuladas, a qual impende sobre a *comissão técnica*, no caso de plano director municipal, ou sobre a câmara municipal, nos outros planos (artigo 13.° do Decreto-Lei n.° 69/90, reformulado pelo Decreto-Lei n.° 211/92) ([18]) – é neste contexto que surge,

---

ministração do Território, da Indústria e Energia, das Obras Públicas, Transportes e Comunicações, do Comércio e Turismo, do Ambiente e Recursos Naturais e do Mar, bem como das Câmaras Municipais de Lisboa e de Loures.

Para uma análise detalhada do procedimento de elaboração dos planos directores municipais, cfr. D. Freitas do Amaral, *Direito do Urbanismo (Sumários)*,cit., p. 77-82, o qual agrupa em *nove fases* a série de actos que compõem aquele procedimento.

([18]) Como já foi salientado (cfr. *supra*, nota 1), o Decreto-Lei n.° 281//93, de 17 de Agosto, criou uma Comissão Permanente de Apreciação dos Planos Directores Municipais, constituída por um representante do Ministro do Planeamento e da Administração do Território, que assume a presi-

desde logo, a *colaboração* das assembleias de freguesia e das juntas de freguesia; e a *ratificação* pelo Governo, através de resolução do Conselho de Ministros, dos planos directores municipais e, nas condições referidas nas alíneas b), c), d) e e) do n.º 1 do artigo 16.º, dos planos de urbanização e dos planos de pormenor, ambos por meio de portaria do Ministro do Planeamento e da Administração do Território (artigo 3.º, n.ºs 3 e 4, do Decreto-Lei n.º 69/90, na redacção do Decreto-Lei n.º 211/92) ([19]).

---

dência, pelo director-geral do Ordenamento do Território e pelos presidentes das comissões de coordenação regional (artigo 2.º, n.º 1), à qual compete recolher os pareceres das entidades consultadas, nos termos do n.º 2 do artigo 13.º do Decreto-Lei n.º 69/90, de 2 de Março – isto é, os pareceres das entidades não representadas na comissão técnica interessadas no PDM em função da área abrangida e das propostas nele formuladas –, e procurar conciliar as diversas posições, em ordem a ultrapassar objecções, e proceder à respectiva síntese (artigo 1.º).

A referida Comissão recolhe o parecer, escrito ou verbal, das entidades consultadas pela comissão técnica, nos termos do n.º 2 do artigo 13.º do Decreto-Lei n.º 69/90, em reunião a convocar pelo seu presidente e a ter lugar nos 15 dias úteis subsequentes à data do recebimento do plano por essas entidades (artigo 3.º, n.º 1), cabendo-lhe, depois, sintetizar os pareceres recolhidos e remeter essas sínteses, acompanhadas dos pareceres a que respeitam, à respectiva comissão técnica (artigo 4.º, n.º 1). Após a recepção daquelas sínteses, dispõem as comissões técnicas dos PDM de 10 dias úteis para a emissão do seu parecer final (artigo 4.º, n.º 4).

As medidas constantes dos artigos 1.º a 5.º do Decreto-Lei n.º 281//93, que têm como finalidade acelerar o procedimento de aprovação dos planos directores municipais, tornando mais rápida a intervenção da administração central naquele procedimento, vigorarão até 31 de Dezembro de 1993, ficando suspensas, até esta data, as disposições dos n.ºs 3 e 5 do artigo 13.º do Decreto-Lei n.º 69/90, no que respeita aos planos directores municipais (cfr. o artigo 7.º do Decreto-Lei n.º 281/93).

([19]) O impropriamente designado instituto da "ratificação" governamental dos planos municipais – cuja natureza jurídica é a de um acto de *controlo preventivo*, que desencadeia a eficácia da deliberação da assembleia municipal que aprova os planos – é disciplinado nos n.ºs 3 e 4 do

Importante é ainda, no domínio do procedimento de formação dos planos municipais, a *participação* dos interessados (sejam eles proprietários das parcelas do solo, titulares de outros

---

artigo 3.º do Decreto-Lei n.º 69/90, de 2 de Março, com a redacção introduzida pelo Decreto-Lei n.º 211/92, de 8 de Outubro, e no artigo 16.º do mesmo diploma legal. Nos termos do n.º 1 deste preceito, estão sujeitos a ratificação os planos directores municipais [alínea a)], os planos de urbanização, quando falte plano director plenamente eficaz [alínea b)], os planos de pormenor, quando falte plano director municipal ou plano de urbanização plenamente eficaz [alínea c)], os planos de urbanização e os planos de pormenor, quando não se conformem com planos municipais ratificados [alínea d)], os planos de urbanização, quando incidam sobre uma área abrangida por um plano director municipal cuja aprovação ou revisão tenha ocorrido há mais de dez anos, bem como os planos de pormenor que tratem em detalhe áreas abrangidas por um plano director municipal ou por um plano de urbanização cuja data de aprovação ou de revisão tenha mais de dez anos [alínea e)].

O *fundamento* da intervenção tutelar do Governo no procedimento de elaboração dos planos municipais, pela via da sua "ratificação" – a qual pode ser parcial (artigo 16.º, n.º 3, do Decreto-Lei n.º 69/90), isto é, excluir alguma ou algumas das suas disposições –, encontra-se nas atribuições cometidas ao Estado pelos artigos 9.º, alínea e), e 66.º, n.º 2, alínea b), da Constituição, em matéria de ordenamento do território (cfr., neste sentido, o Debate Parlamentar sobre a Proposta de Lei n.º 103/V, que esteve na génese da Lei n.º 93/89, de 12 de Setembro, que autorizou o Governo a legislar sobre as atribuições das autarquias locais respeitantes aos planos municipais de ordenamento do território, in *Diário da Assembleia da República*, I Série, n.º 105, de 13 de Julho de 1989, p. 5113-5149, em especial p. 5143, e L. Perestrelo de Oliveira, *Planos Municipais de Ordenamento do Território – Decreto-Lei n.º 69/90, de 2 de Março, Anotado*, Coimbra, Almedina, *1991*, p. 21, 22). Significa isto que o Governo, ao emanar o acto de "ratificação" dos planos municipais, não está a praticar um acto de *tutela administrativa*, consistente na verificação do cumprimento da lei por parte do órgão municipal competente, quando este exerce poderes relacionados com a prossecução de interesses próprios (exclusivos) da população municipal, nos termos do artigo 243.º, n.º 1, da Constituição, mas a exercer uma função de curadoria de interesses supramunicipais relacionados

direitos subjectivos e de interesses legalmente protegidos ou portadores de interesses difusos). A *participação* das populações constitui um princípio geral dos planos urbanísticos [artigo 5.º, n.º

com o ordenamento do território, que lhe está constitucionalmente atribuída. Daí que, como já tivemos ensejo de assinalar noutra ocasião, seja lícito afirmar que, na ratificação dos planos municipais, não está o Governo limitado a um controlo de pura legalidade ou de legalidade estrita, tal como sucede no domínio dos actos praticados pelos órgãos dos municípios que traduzam a realização de interesses próprios e específicos das populações respectivas (para mais desenvolvimentos, cfr. a nossa obra *O Plano Urbanístico*, cit., p. 271-275, notas 173 e 174).

As linhas antecedentes não podem, no entanto, ser interpretadas como a defesa de um *carácter ilimitado* dos poderes de controlo governamental no acto de ratificação. O Governo não pode condicionar a "ratificação" de um plano ao acolhimento por este das suas opções políticas e técnicas, nem impor aos municípios uma conformação essencialmente distinta do plano baseada na sua própria concepção urbanística. Um procedimento destes infringiria claramente o princípio constitucional da autonomia dos municípios e seria incompatível com as normas do Decreto-Lei n.º 69/90 disciplinadoras do procedimento de elaboração dos planos municipais, que determinam que estes devem espelhar uma *harmonização* ou uma *concertação* dos conflitos de interesses públicos de que são titulares os vários sujeitos da Administração Pública, em especial os municípios e o Estado (cfr. os artigos 6.º, n.º 2, alínea c), e 13.º, n.º 6, do Decreto-Lei n.º 69/90, que falam em "estabelecimento de consensos" e no encontro de "uma solução de consenso" entre as várias entidades públicas cujos interesses sejam tocados pelo plano municipal em elaboração). Ora, se a lei impõe um *iter* de elaboração do plano municipal tendente à superação das divergências entre os vários entes públicos cujos interesses estejam ligados à ocupação, uso e transformação do solo, seria descabido que ao Governo fosse consentido, pela via da "ratificação", impor a consagração no plano das suas próprias opções urbanísticas.

Tendo em conta o quadro acabado de gizar, deve entender-se que os poderes governamentais em sede de "ratificação" dos planos municipais abrangem não apenas o controlo da observância por estes das disposições legais e regulamentares e dos princípios gerais de disciplina urbanística e de ordenamento do território, mas igualmente a fiscalização do acolhimento

1, alínea d), do Decreto-Lei n.º 69/90]. Momento privilegiado — embora não o único — da participação dos particulares interessados é o do *inquérito público*, durante o qual aqueles podem apresentar

pelos mesmos de interesses supramunicipais vinculados a um modelo territorial superior, ainda que não formalizados num instrumento dotado de força jurídica, desde que, claro está, tenham verdadeira consistência e sejam susceptíveis de verificação objectiva. Pode, por isso, afirmar-se que a competência exercida pelo Governo, a propósito da "ratificação" dos planos municipais, se situa numa posição intermédia entre a tese que reconhece àquele órgão um poder de fiscalização incondicionado, compreensivo tanto dos aspectos de legalidade, como dos de mera oportunidade ou conveniência, e a outra, de sinal oposto, que reduz os poderes do órgão ratificante a um controlo de pura legalidade (cfr. T.- Ramón Fernández. *Manual de Derecho Urbanístico*, 9.ª ed., Madrid, Abella, 1991, p. 90-95).

A interpretação acabada de referir do âmbito e alcance dos poderes exercidos pelo órgão ratificante dos planos municipais parece ter sido acolhida no n.º 2 do artigo 16.º do Decreto-Lei n.º 69/90. Aí se prevê que a "ratificação" se destina a verificar a observância por parte do plano municipal aprovado das *disposições legais e regulamentares vigentes* [alínea a)], bem como das regras e princípios constantes de planos *hierarquicamente* superiores [averiguação da compatibilidade das disposições dos PDM com as regras e directivas dos PROT abrangentes da área englobada por aqueles, da conformidade das determinações dos planos de urbanização com as prescrições dos PDM aplicáveis à área daqueles e da conformidade das estatuições dos planos de pormenor com as disposições dos planos de urbanização, quando aqueles tratarem em detalhe áreas urbanas e urbanizáveis disciplinadas por estes — alínea b)]. Mas refere-se, no mesmo preceito, que a "ratificação" se destina também a verificar a *adequada articulação* do plano municipal aprovado com outros planos aplicáveis no mesmo município, mas não colocados numa relação de hierarquia, com os planos de municípios vizinhos e ainda com "programas e projectos de interesse para outro município ou supramunicipal" [alíneas b) e c)].

Ora, se é seguro que a competência exercida pelo órgão ratificante quando averigua o respeito pelo plano municipal aprovado das *disposições legais e regulamentares* vigentes e do *princípio da hierarquia* dos planos se situa no âmbito de uma actividade de controlo de mera legalidade, já o mesmo parece não poder afirmar-se quando o Governo verifica a *articulação* das disposições do plano objecto de ratificação com outros planos

observações ou sugestões sobre as disposições dos planos municipais, na sequência da exposição destes em locais acessíveis ao público, na sede do município e das juntas de freguesia a que respeitam (artigo 14.º do Decreto Lei n.º 69/90) [20]. A *participação* dos

---

despidos de superioridade hierárquica e inclusive com documentos que não têm o valor jurídico de planos, como acontece com simples "programas e projectos" de interesse para outro município ou de interesse supramunicipal. Apesar de ser extremamente difícil definir o âmbito dos poderes implicados no juízo de "articulação", não é erróneo afirmar que dele fazem parte poderes de fiscalização que vão para além de um controlo de pura legalidade, desde logo porque a emissão do mesmo pelo Governo pressupõe o recurso a regras de natureza técnico-urbanística (para um entendimento do instituto da "ratificação" algo diverso do aqui preconizado, cfr. D. Freitas do Amaral, *Apreciação da Dissertação de Doutoramento do Licenciado Fernando Alves Correia "O Plano Urbanístico e o Princípio da Igualdade"*, in RFDUL, Vol. XXXII (1991), p. 98, e *Direito do Urbanismo (Sumários)*,cit., p. 58,59; e J.M. Sérvulo Correia, *Legalidade e Autonomia Contratual nos Contratos Administrativos*, Coimbra, Almedina, 1987, p. 275, 276, nota 464).

Importa, por fim, salientar que a ideia segundo a qual a problemática do urbanismo e do ordenamento do território tem a ver com interesses simultaneamente *nacionais*, *gerais* ou *estaduais* e interesses *locais* é de primordial importância, já que é ela que explica as soluções adoptadas pelo legislador, traduzidas no estabelecimento de certas formas de condomínio de atribuições (e de competências) entre a administração central e a administração local em matéria de ocupação, uso e transformação do solo, as quais nos aparecem não apenas, como vimos, no âmbito do procedimento de elaboração dos planos urbanísticos, mas também, como veremos, no domínio da actividade administrativa de controlo das formas concretas de ocupação do solo (v.g. realização de loteamentos urbanos e de obras de urbanização e construção de edifícios).

[20] Sobre este assunto, cfr. Luís Perestrelo de Oliveira, ob. cit., p. 58-60.

O círculo dos titulares do direito de participação no procedimento de elaboração dos planos municipais é o mais amplo possível, abrangendo não apenas os proprietários ou os titulares de outros direitos reais que incidam sobre um imóvel situado no âmbito espacial de aplicação do plano, mas

particulares tem uma finalidade simultaneamente *subjectiva* (a de tutelar os direitos e os interesses legítimos de que são portadores) e

> também aqueles que são apenas portadores de um interesse económico ou ideal ou sejam simplesmente "cidadãos" preocupados com os destinos urbanísticos do município [cfr. J. Kirchmeier, *Rechtliches Gehör in der Bauleitplanung*, in Festschrift für Konrad Gelzer zum 75. Geburtstag, Werner--Verlag, Düsseldorf, 1991, p. 78; Grabis/Kauther/Rabe/Steinfort, *Bau-und Planungsrecht*, 3. Auflage, Köln, Kohlhammer, 1992, p. 67, 68; U. Battis, *Öffentliches Baurecht und Raumordnungsrecht*, 2. Auflage, Stuttgart, Kohlhammer, 1987, p. 92, 93; Ernst/Hoppe, *Das öffentliche Bau-und Bodenrecht, Raumplanungsrecht*, 2. Auflage, München, Beck, 1981, p. 196, 197; N. Assini/P. Mantini, *Aspetti Evolutivi e Tendenza del Diritto Urbanistico*, in Rivista Giuridica dell'Edilizia, Ano XXXIII (1990), II, p. 266, 267, 270-273; J.M. Lobato Gómez, ob. cit., p. 668 ss.; H. Jacquot, *Droit de l'Urbanisme*, 2ª ed., Paris, Dalloz, 1989, p. 219-221; e os artigos 53.º e 54.º do Código do Procedimento Administrativo, que alargaram, em termos consideráveis, a legitimidade para intervenção no procedimento administrativo].

A disciplina do Decreto-Lei n.º 69/90 representa, no respeitante à participação dos particulares no procedimento de elaboração dos planos, simultaneamente, um *progresso* e um *retrocesso* em relação à legislação antecedente. Progresso, na medida em que alargou aos planos de pormenor a exigência do inquérito público, rompendo com a solução do artigo 3.º, n.º 2, do Decreto-Lei n.º 560/71, de 17 de Setembro, que apenas sujeitava àquela formalidade participativa os planos gerais e parciais de urbanização. Retrocesso, porque eliminou uma modalidade de participação prevista no artigo 14.º do Decreto Regulamentar n.º 91/82, de 29 de Novembro, para os PDM, a qual se cifrava na possibilidade de os munícipes e entidades interessadas dirigirem à câmara municipal, *durante a elaboração do projecto do PDM*, as observações que entendessem formular sobre as soluções a consagrar naquele plano – modalidade participativa inspirada no instituto do direito alemão da "participação preventiva dos cidadãos" (*vorgezogene Bürgerbeteiligung*) ou da "participação tempestiva dos cidadãos" (*frühzeitige Bürgerbeteiligung*), previsto no § 3, n.º 1, do *Baugesetzbuch*, e que continuamos a considerar potencialmente mais eficaz do que aquela que tem lugar no período do inquérito público, isto é, num momento em que os participantes são chamados a exprimir a sua opinião sobre um projecto já pronto e finalmente divulgado, e cuja alteração, nas suas

objectiva (a de levar ao conhecimento da Administração todos os factos, interesses e circunstâncias objectivamente relevantes para a elaboração do plano) ([21]).

A *colaboração* de vários sujeitos de direito público no procedimento de formação dos planos, bem como a *participação* dos particulares na sua elaboração têm uma finalidade comum: a de fazer chegar ao conhecimento dos órgãos administrativos competentes os interesses de que são titulares, para que o plano realize uma *justa ponderação* dos diferentes interesses nele envolvidos (cfr. o artigo 14.º, n.º 6, do Decreto-Lei n.º 69/90) ([22]).

O segundo ponto que decidimos abordar refere-se às relações entre os planos disciplinados pelo Decreto-Lei n.º 69//90. Elas são comandadas, de um lado, pelo *princípio da articulação* e, do outro lado, pelo *princípio da hierarquia*, na sua vertente mais rigorosa de *princípio da conformidade*.

O primeiro princípio tem a ver com a obrigação de harmonização entre as soluções adoptadas por planos aplicáveis no território de um mesmo município e que não estejam subordinados ao princípio da hierarquia (v.g. a obrigação de

---

opções fundamentais, na sequência das sugestões formuladas, enfrentará particulares dificuldades. Sobre este tema, cfr. a nossa obra *O Plano Urbanístico*, cit., p. 262-264.

([21]) Para mais desenvolvimentos sobre o sentido e alcance da participação dos cidadãos na formação dos planos, cfr. a nossa obra *O Plano Urbanístico*, cit., p. 250 ss., e os nossos *Sumários de Direito Administrativo (Direito Urbanístico)*, Coimbra, 1991/1992, p. 26-29.

([22]) A ponderação de interesses no plano assume uma tríplice vertente: a ponderação entre interesses públicos e privados colidentes; a ponderação entre interesses públicos que não são coincidentes; e a ponderação entre interesses privados que são incompatíveis entre si. Os interesses conflituantes tocados pelo plano, e que carecem de uma justa ponderação, vêm assumindo, nos últimos anos, uma quantidade e uma complexidade crescentes. Cfr., sobre este ponto, a nossa obra *O Plano Urbanístico*, cit., p. 275- 285, e R. Stich, *Planung als Weg zum Interessenausgleich*: Die *Bedeutung des Abwägungsgebots, in* Baurecht, 3 (1992), p. 275-286.

articulação entre as disposições de dois ou mais planos de urbanização que abranjam diferentes áreas urbanas ou urbanizáveis de um mesmo município) e, bem assim, entre as prescrições dos planos que abranjam territórios de municípios vizinhos [cfr. os artigos 5.°, n.° 1, alínea b), e 16.°, n.° 2, alíneas b) e e), do Decreto-Lei n.° 69/90] ([23]).

O princípio indicado em segundo lugar diz respeito a estrutura vertical dos planos aplicáveis ao território de um mesmo município, nos termos da qual os planos de urbanização devem desenvolver e especificar a disciplina urbanística das zonas destinadas à edificação pelos PDM e os planos de

---

([23]) A obrigação de harmonização entre os planos de municípios vizinhos aparece-nos também no § 2, n.° 2, do *Baugesetzbuch* alemão. Nos termos deste preceito, devem os planos de municípios vizinhos (*die Bauleitpläne benachbarter Gemeinden*) ser harmonizados entre si. A obrigação de harmonização material entre os planos de municípios vizinhos constitui uma manifestação especial da obrigação de ponderação de interesses do plano, prevista no § 1, n.° 6, daquele código. Cfr. G. Gaentzsch, *Baugesetzbuch Kommentar*, Köln, Kohlhammer, 1991, p. 44.

Segundo a jurisprudência administrativa germânica, municípios vizinhos, para efeitos desta disposição legal, são os municípios cujos territórios confinam entre si, bem como aqueles cujos interesses são atingidos por um plano de outro município. Ao município é reconhecido um direito de participação na elaboração dos planos dos municípios vizinhos (*Anspruch auf Beteiligung*), com a finalidade de garantir uma articulação entre as disposições dos respectivos planos. Se um município for atingido "directamente e de modo substancial" pelos efeitos de um plano de um município vizinho e tiver havido violação da obrigação de harmonização (*Abstimmungsgebot*), goza aquele de um direito à revisão material desse plano, o qual pode ser exigido judicialmente, através de uma "acção de vizinhança entre municípios" (*zwischengemeindliche Nachbarklage ou Gemeindenachbarklage*). Cfr. Gelzer/Birk, *Bauplanungsrecht*, 5ª ed., Köln,O.Schmidt, 1991. p. 18,19; U. Battis, in Battis/Krautzberger/Löhr, *Baugesetzbuch*, cit., § 2, p. 96, 97; W. Bielenberg, in Ernst/Zinkahn/Bielenberg, *Baugesetzbuch*, Vol. I, München, Beck, 1990, § 2, p. 46-57; e V. Piltz, *Bauplanungsrecht*, 4. Auflage, Stuttgart, Kohlhammer, 1987, p. 22.

pormenor conter a disciplina detalhada dos planos de urbanização em relação a áreas mais restritas. Várias são as disposições do Decreto-Lei n.º 69/90 que se referem àqueles dois princípios. Assim, o artigo 5.º, n.º 1, alínea b), refere que a elaboração, aprovação e execução dos planos municipais são operadas por forma a garantir "a articulação com planos, programas e projectos de âmbito municipal ou supramunicipal"; o n.º 2, alínea e), do mesmo artigo estabelece que os planos municipais têm ainda como objectivo "desenvolver e pormenorizar regras e directivas estabelecidas em planos de nível superior"; o artigo 16.º, n.º 2, do mesmo diploma legal prescreve que a ratificação destina-se a verificar a *conformidade* do plano municipal aprovado "com outros planos municipais plenamente eficazes, incluindo a sua adequada articulação [alínea b)] e "com outros planos, programas e projectos de interesse para outro município ou supramunicipal, incluindo a sua adequada articulação" [alínea c)]; e, por fim, o artigo 17.º, n.º 5, determina que a recusa do registo só pode fundamentar-se, entre outras razões, "na não conformidade com o plano municipal plenamente eficaz mais abrangente que tenha sido ratificado".

O nosso ordenamento jurídico prevê, no entanto, um temperamento ao princípio da hierarquia nas relações entre o PDM, os planos de urbanização e os planos de pormenor aplicáveis na área do mesmo município. Em casos excepcionais, podem, de facto, os planos de urbanização e os planos de pormenor não se conformar com um PDM ratificado ou um plano de pormenor desviar-se, em alguma ou algumas das suas disposições, do estatuído por um plano de urbanização ratificado. Mas quando isso suceder, esses planos que contenham disposições desconformes às do plano hierarquicamente superior estão sujeitos a ratificação governamental [artigo 16.º, n.º 1, alínea d)], controlo este que é, no entanto, dispensado no caso de inexistência dessa desconformidade [artigo 16.º, n.º 1, alíneas b) e c)].

A ratificação de um plano *inferior* que não se conforme, em alguma ou algumas das suas disposições, com um plano *superior* implica, consequencialmente, a alteração, na parte em que se verifique a desconformidade, deste último ([24]). Apesar disso, uma correcta compreensão do princípio da hierarquia aconselhará a que, numa situação dessas, o próprio plano superior seja posteriormente revisto ou alterado, de modo a ser restabelecida a concordância entre os vários planos respeitantes ao mesmo

---

([24]) Cfr., por exemplo, a Portaria n.º 531/93, de 18 de Maio, que ratificou o Plano de Pormenor do Bairro da Boavista, no município de Castelo de Vide, e a Portaria n.º 665/93, de 14 de Julho, que ratificou o Plano de Pormenor da Guia, estrada nacional n.º 247, Cascais. Uma vez que o plano indicado em primeiro lugar continha disposições desconformes às do Plano Geral de Urbanização de Castelo de Vide, determinou aquela primeira portaria a alteração deste "na área abrangida pelo Plano de Pormenor e nos seus precisos termos".De igual modo, a portaria indicada em segundo lugar alterou o Plano de Urbanização da Costa do Sol na área abrangida pelo Plano de Pormenor da Guia e nos seus precisos termos, devido à circunstância de este conter determinações desconformes às daquele.

A ratificação, por meio de portaria do Ministro do Planeamento e da Administração do Território, dos planos de pormenor que contenham disposições que não sejam conformes às de um plano de urbanização parece-nos perfeitamente lógica, uma vez que a ratificação dos planos de urbanização é cometida pela lei à mesma entidade, também na forma de portaria (artigo 3.º, n.º 4, do Decreto-Lei n.º 69/90, na redacção do Decreto-Lei n.º 211/92). Mas igual afirmação já não podemos fazer no que respeita à ratificação dos planos de urbanização que encerrem prescrições desconformes às do PDM. Nestes casos, aquele preceito do Decreto-Lei n.º 69/90 parece determinar também que a ratificação do plano de urbanização compete ao Ministro do Planeamento e da Administração do Território, através de portaria, apesar de o PDM ser ratificado pelo Governo, por meio de resolução do Conselho de Ministros (artigo 3.º, n.º 3, do Decreto-Lei n.º 69/90, na versão do Decreto-Lei n.º 211/92). O princípio do paralelismo das competências e das formas exigiria que, nas hipóteses em que os planos de urbanização contenham disposições desconformes às do PDM, aqueles fossem ratificados pela mesma entidade que procedeu à ratificação destes e utilizando idêntica forma.

território. Do princípio da hierarquia resulta também a obrigação de *revisão* ou de *alteração* ([25]) de um plano urbanístico se,

([25]) Os conceitos de *revisão* e de *alteração* dos planos municipais foram clarificados nos recentes retoques operados no Decreto-Lei n.º 69//90 pelo Decreto-Lei n.º 211/92, de 8 de Outubro. A *revisão* dos planos municipais consiste, nos termos do n.º 1 do artigo 19.º do Decreto-Lei n.º 69/90, na reapreciação das disposições consagradas no regulamento e na planta de síntese, com vista à sua eventual actualização. A *revisão* dos planos municipais terá lugar sempre que a câmara municipal considere terem-se tornado inadequadas as disposições nele consagradas (artigo 19.º, n.º 2), sendo obrigatória a revisão do PDM e do plano de urbanização, antes de decorrido o prazo de 10 anos a contar da sua entrada em vigor ou da sua última revisão (artigo 19.º, n.º 3). À *revisão* dos planos municipais são aplicáveis as regras procedimentais previstas no Decreto-Lei n.º 69/90, designadamente para a elaboração, aprovação, ratificação, registo e publicação destes (artigo 19.º, n.º 4).

A *alteração* dos planos caracteriza-se pela introdução de modificações de pormenor, sendo consideradas como tais "todas as que não impliquem alterações aos princípios de uso, ocupação e transformação dos solos que estiveram subjacentes à elaboração do plano, nomeadamente alteração da tipologia de ocupação" (artigo 20.º, n.º 2, do Decreto-Lei n.º 69/90, na redacção do Decreto-Lei n.º 211/92). As alterações de pormenor podem resultar de uma iniciativa da câmara municipal ou ser impostas por modificações na legislação, especialmente no que se refere a restrições e servidões de utilidade pública (artigo 20.º, n.º 1, do Decreto-Lei n.º 69/90, na versão do Decreto-Lei n.º 211/92). Nos termos deste preceito legal, a câmara municipal deve solicitar parecer sobre as alterações às entidades interessadas em função da natureza ou da área sobre a qual incidem, incluindo sempre nestas a comissão de coordenação regional e a delegação regional do Ministério do Ambiente e Recursos Naturais, antes de as submeter à aprovação da assembleia municipal. Às alterações aos planos são aplicáveis, com as necessárias adaptações, os preceitos concernentes à ratificação, registo e publicação dos planos (artigo 20.º, n.º 4, do Decreto-Lei n.º 69/90, também na versão do Decreto-Lei n.º 211/92).

A ratificação de um plano superior implicará, por via de regra, um processo de alteração do plano inferior que passe a conter disposições "desconformes" ou "incompatíveis" com as daquele. Mas não está excluído que do princípio da hierarquia resulte antes uma obrigação de revisão do plano

posteriormente à sua entrada em vigor, for aprovado um plano hierarquicamente superior que consagre soluções "*desconformes*" ou "*incompatíveis*" com as daquele.

As virtudes que facilmente se detectam no Decreto-Lei n.º 69/90 não são suficientes para esconder duas graves omissões no seu conteúdo — as quais não foram sanadas na recente mexida que nele foi feita pelo Decreto-Lei n.º 211/92. Com efeito, aquele diploma legal guarda silêncio sobre dois importantes problemas da planificação urbanística: de um lado, sobre as denominadas *expropriações do plano* e, do outro lado, sobre a *garantia do princípio da igualdade* em face das disposições dos planos urbanísticos.

Não se encontra, de facto, na nossa lei básica da planificação urbanística de âmbito municipal, referência expressa às *expropriações do plano*, isto é, às disposições dos planos que produzem danos no direito de propriedade do solo de tal *gravidade* e *intensidade* que devem ser consideradas como tendo um carácter expropriativo e, por isso, sujeitas a indemnização. Ora, é isso o que acontece, segundo cremos, pelo menos com três *tipos* de danos que derivam directamente do plano urbanístico: os decorrentes da *diminuição* ou *subtracção* de uma modalidade de utilização do solo conferida por um plano urbanístico (v.g. a edificação), por efeito da revisão deste; os provenientes de disposições dos planos que *reservam* terrenos particulares para equipamentos colectivos; e os causados pelas prescrições dos planos que destinam certas parcelas de terrenos a *espaços verdes privados*, desde que situados numa *área edificável* ou numa *área com vocação edificatória* — a qual é definida tendo em conta um complexo de elementos certos e objectivos, relativos à localização do próprio terreno, à sua acessibilidade, ao desenvolvimento urbanístico da zona, à

---

inferior, precisamente quando o plano superior puser em causa "a economia geral" daquele ou as suas opções urbanísticas fundamentais.

presença de serviços públicos essenciais e à existência de infra-estruturas urbanísticas, que atestam uma aptidão ou uma vocação para a edificalidade ([26]).

Esta lacuna dificulta particularmente a identificação das medidas expropriativas do plano – as quais não se circunscrevem às *expropriações acessórias ao plano*, ou seja, às expropriações em *sentido clássico* (nas quais se verifica simultaneamente um momento *privativo* e um momento *apropriativo* do direito de propriedade) de imóveis e direitos a eles relativos, necessários à execução dos planos ([27]) – e é responsável pela ocorrência, na prática, de casos de *expropriações de sacrifício* resultantes directamente dos planos que não são cobertos por indemnização.

O segundo problema que não encontrou no Decreto-Lei n.º 69/90 o devido eco é o que diz respeito à garantia da *igualdade de tratamento* dos proprietários dos terrenos abrangidos pelas medidas não expropriativas dos planos urbanísticos. Na elaboração daquele diploma legal, não assumiu o legislador a garantia da igualdade na repartição dos benefícios e encargos entre os proprietários do solo como um dos *princípios fundamentais* da planificação urbanística. A não inclusão, no artigo 5.º do Decreto-Lei n.º 69/90, da *garantia da igualdade de tratamento* dos proprietários como um dos princípios e objectivos gerais dos planos municipais é bem elucidativa do "estado de espírito" do legislador sobre esta questão ([28]).

([26]) Para mais desenvolvimentos, cfr. a nossa obra *O Plano Urbanístico*, cit., p. 515 ss..

([27]) Cfr. a nossa obra *O Plano Urbanístico*, cit., p. 471 ss..

([28]) O Decreto-Lei n.º 211/92, de 8 de Outubro, aditou ao n.º 1 do artigo 5.º do Decreto-Lei n.º 69/90 – que versa sobre os *princípios* a que deve obedecer a elaboração, aprovação e execução dos planos municipais – uma nova alínea [a alínea e)], respeitante à "salvaguarda dos direitos e interesses legalmente protegidos dos cidadãos".

Não é este o momento apropriado para proceder à densificação deste "novo" princípio de planificação urbanística. Parece-nos, no entanto, *prima*

Embora o lugar apropriado para disciplinar a temática das técnicas perequativas dos benefícios e encargos decorrentes dos planos urbanísticos entre os proprietários dos solos seja a legislação geral sobre ordenamento do território ou sobre planificação urbanística, seria desejável que a mesma não fosse esquecida, ao menos na futura revisão da lei dos solos. É que não se pode olvidar que o *princípio da igualdade* constitui um princípio vinculativo da acção administrativa no seu todo e, consequentemente, da actividade de planificação urbanística, como flui claramente do artigo 266.º, n.º 2, da Constituição ([29]).

Antes de terminarmos esta curta referência ao regime jurídico dos planos municipais de ordenamento do território,

---

facie, que o acrescento do aludido princípio não constitui uma resposta adequada, em termos de política e de técnica legislativa, à lacuna apontada, mesmo que se considere que no princípio da "salvaguarda dos direitos e interesses legalmente protegidos dos cidadãos" pelo plano urbanístico – afinal um princípio limitativo de toda a actividade da Administração Pública, previsto no artigo 266.º, n.º 1, da Lei Fundamental – vai implícita a garantia do princípio da igualdade em face das medidas do plano urbanístico (cfr., neste sentido, L. Perestrelo de Oliveira, ob. cit., p. 31, 32). Daí que se mantenha a necessidade e a premência da tomada de uma posição expressa do legislador sobre a problemática da perequação dos benefícios e encargos resultantes dos planos.

([29]) Para além da consagração expressa da *igualdade de tratamento* dos proprietários dos solos como um *princípio* fundamental da actividade de planificação urbanística, deverá a lei – entendida esta como lei da Assembleia da República ou decreto-lei alicerçado em autorização legislativa – fixar um conjunto de técnicas ou instrumentos de perequação dos benefícios e encargos resultantes dos planos, deixando ao órgão municipal que aprova o plano um certo espaço de discricionaridade, traduzido quer na opção por cada um deles ou no recurso combinado a mais do que um, quer no estabelecimento de pormenores da sua regulamentação e concretização (sobre a problemática das técnicas de garantia do princípio da igualdade em face das medidas dos planos urbanísticos, cfr. a nossa obra *O Plano Urbanístico*, cit., p. 583 ss.).

importa deixar uma palavra sobre o grau de cobertura do território nacional por planos municipais de ordenamento do território, em especial planos directores municipais. Embora até ao momento apenas vinte e nove municípios estejam dotados de PDM aprovados e ratificados ([30]), está em curso no nosso país um autêntico *movimento* de planificação urbanística, como o atesta o facto de a parte restante dos municípios do Continente estar a elaborar o seu PDM, sendo já elevado o número daqueles que o têm em fase de conclusão ([31]).

Com a abrangência, a curto prazo, da totalidade, ou pelo menos da grande maioria dos municípios portugueses, por planos directores municipais, devidamente aprovados e ratificados – e cujas disposições respeitantes às áreas urbanas e urbanizáveis são desenvolvidas e densificadas em planos de urbanização e em

---

([30]) A lista dos municípios possuidores de um PDM aprovado e ratificado é a seguinte: Évora, Oliveira do Bairro, Mora, Ponte de Sor, Sines, Vila Real de Santo António, Beja, Viana do Castelo, Matosinhos, Porto, Moita, Vagos, Estarreja, Vila Franca de Xira, Vila Nova de Poiares, S. João da Madeira, Lousã, Vidigueira, Penela, Miranda do Corvo, Alvito, Almeirim, Cuba, Manteigas, Santa Maria da Feira, Castro Verde, Sátão, Nelas e Santiago do Cacém. Esta lista – que aparece ordenada de acordo com a data do acto de ratificação – foi gentilmente fornecida pela Secretaria de Estado da Administração Local e Ordenamento do Território e reporta-se a 30 de Setembro de 1993.

([31]) Segundo elementos recentes colhidos na Secretaria de Estado da Administração Local e Ordenamento do Território, a par dos 29 PDM aprovados e ratificados havia, em 30 de Setembro de 1993, 10 PDM entrados na Direcção-Geral do Ordenamento do Território e que aguardavam a ratificação em reunião do Conselho de Ministros (pertencentes aos municípios de Almada, Braga, Lagos, Melgaço, Montemor-o-Novo, Ponte de Lima, Resende, Seixal, Vale de Cambra e Vila Real).

planos de pormenor ([32]) –, atingirá, finalmente, o nosso direito do urbanismo um elevado nível de desenvolvimento, dado que nele desempenha uma função nuclear o plano urbanístico ([33]).

Na data acima assinalada, era a seguinte a situação no que respeita ao procedimento de elaboração dos PDM dos 275 municípios do Continente:

Situação em 30-09-93	Número de PDM	Percentagem %
RATIFICADOS	29	10,5
EM RATIFICAÇÃO	10	3,6
EM APROVAÇÃO PELA ASSEMBLEIA MUNICIPAL	25	9,1
INQUÉRITO PÚBLICO (a decorrer)	17	6,2
PARECER FINAL (em elaboração)	40	14,5
CONSULTAS ÀS ENTIDADES (a decorrer)	14	5,1
PROJECTO DO PLANO (acertos finais com a Comissão Técnica)	46	16,7
PROJECTO DO PLANO (elementos em apreciação)	22	8,0
PROJECTO DO PLANO (em elaboração)	25	9,1
PROPOSTAS DE ORDENAMENTO (em discussão)	16	5,8
PROPOSTAS DE ORDENAMENTO (em elaboração)	13	4,7
ESTUDOS DE CARACTERIZAÇÃO (em elaboração)	18	6,5
TOTAL	275	100,0

Da comparação deste quadro com o fornecido pelo *Relatório do Estado do Ambiente e do Ordenamento do Território de 1992*, Lisboa, MPAT/ /MARN, 1992, p. 60, relativamente ao final do primeiro semestre de 1992, ressalta imediatamente que, no intervalo de pouco mais de um ano, foi substancial o progresso registado no *movimento* de elaboração dos planos directores municipais.

([32]) Ainda segundo elementos amavelmente cedidos pela Secretaria de Estado da Administração Local e Ordenamento do Território, estavam registados na Direcção-Geral do Ordenamento do Território, em 30 de Junho de 1993, 434 planos de âmbito submunicipal, assim distribuídos: 126 planos gerais de urbanização, 16 planos parciais de urbanização e 292 planos de pormenor (sobre a figura do *registo* dos planos municipais, cfr. nota seguinte).

([33]) Para que os planos urbanísticos de âmbito municipal possam cumprir os seus objectivos, é indispensável a existência de mecanismos que

2. As modificações relacionadas com o direito dos solos

Como é sabido, a planificação urbanística é uma actividade administrativa caracterizada por uma ampla "liberdade de

permitam o conhecimento, primeiro da sua existência, e depois do seu conteúdo, por parte dos respectivos destinatários. É assim que o artigo 18.º do Decreto-Lei n.º 69/90 (na redacção introduzida pelo Decreto-Lei n.º 211//92) estabelece que a publicação das resoluções do Conselho de Ministros, que ratificam os PDM, e das portarias do Ministro do Planeamento e da Administração do Território, que ratificam os planos de urbanização e os planos de pormenor – a qual é feita na I Série-B do DR –, é acompanhada da planta de síntese e do regulamento do referido plano (n.º 1 do referido artigo). Mas a planta de síntese e o regulamento dos planos de urbanização e dos planos de pormenor não sujeitos a ratificação são também publicados, com indicação da data do registo, agora na II Série do DR, sendo a respectiva publicação promovida pela Direcção-Geral do Ordenamento do Território (n.º 2 do citado preceito). Além disso, a câmara municipal respectiva deve promover a publicação das plantas de síntese e dos regulamentos dos PDM e dos planos de urbanização e de pormenor, sujeitos ou não a ratificação, no boletim municipal ou, quando este não exista, em editais afixados nos lugares de estilo, dela constando, obrigatoriamente, o teor do despacho de ratificação, caso exista, e a data do mesmo ou do registo (artigo 18.º, n.ᵒˢ 3 e 4, do diploma mencionado).

A acrescer às modalidades de publicação referidas, prevê ainda o Decreto-Lei n.º 69/90 a figura do *registo* obrigatório dos planos municipais ratificados, bem como dos planos municipais não sujeitos a ratificação, a qual compete à Direcção-Geral do Ordenamento do Território (artigos 3.º, n.º 5, e 17.º). No caso de planos municipais sujeitos a ratificação, o registo é feito oficiosamente na sequência desta (artigo 17.º, n.º 6). Nos não sujeitos a ratificação, pode haver recusa do registo, mas esta só pode fundamentar-se na não conformidade com o plano municipal plenamente eficaz mais abrangente que tenha sido ratificado, na falta de articulação com outros planos municipais plenamente eficazes ou no não cumprimento de disposições legais e regulamentares vigentes de interesse para o ordenamento do território, cabendo dela recurso para o Ministro do Planeamento e da Administração do Território, a interpor pela câmara municipal no prazo de 30 dias a contar da data em que a Direcção-Geral do Ordenamento do Território, ouvida a Comissão de Coordenação Regional, lhe tiver comuni-

conformação" (*Gestaltungsfreiheit*) ou, noutros termos, por uma acentuada "discricionaridade de consequências jurídicas" (*Rechtsfolgeermessen*). Quer isto dizer que a lei não deixa de reconhecer à entidade planificadora um significativo *poder discricionário* na escolha das soluções que considerar mais adequadas e correctas no contexto do desenvolvimento urbanístico de um determinado território. Nem poderia ser de outra maneira, dado que a actividade de planificação é uma tarefa de previsão, na qual o conhecimento da realidade urbanística local e o *juízo de prognose* sobre a evolução futura dos processos urbanísticos – o qual se caracteriza por "avaliações projectadas no futuro" (sobre o desenvolvimento económico, demográfico, etc.) [34] –

---

cado a recusa do registo (artigo 17.º, n.ºˢ 3 e 5). A obrigatoriedade de *registo* aplica-se também aos planos municipais aprovados nos termos da legislação vigente à data da publicação do Decreto-Lei n.º 69/90, devendo as câmaras municipais enviar à Direcção-Geral do Ordenamento do Território, no prazo de três meses a contar da data da entrada em vigor daquele diploma legal, a planta de síntese e o regulamento dos planos em vigor na área do município, com indicação das datas da sua aprovação e, se for caso disso, de ratificação (artigo 30.º, n.º 4).

Através do *registo* obrigatório dos planos na Direcção-Geral do Ordenamento do Território, é possível a qualquer interessado obter, a todo o momento, uma radiografia dos instrumentos de planificação vigentes em qualquer ponto do território nacional. Com o registo obrigatório dos planos, e o seu consequente depósito naquele organismo, para consulta de qualquer entidade pública ou privada, "torna-se definitivamente claro o quadro urbanístico em vigor para cada município e para cada intervenção", pondo-se, assim, cobro a uma situação, caracterizada por uma "duplicidade de critérios", consistente em algumas câmaras municipais por vezes observarem as disposições dos planos existentes e outras vezes não as cumprirem, com o pretexto de que aqueles estavam desactualizados (cfr. Declarações do Secretário de Estado da Admnistração Local e Ordenamento do Território, in Jornal "O Público", de 23 de Março de 1993, p. 20).

[34] Cfr. S. Cognetti, *La Tutela delle Situazioni Soggetive tra Procedimento e Processo (Le esperienze di pianificazione urbanistica in Italia e in Germania)*, Perugia, Edizione Scientifiche Italiane, 1987, p. 135.

desempenham um papel primordial. De facto, a regulamentação ou a vinculação estrita da actividade de planeamento roubaria "à Administração a maleabilidade e a adaptabilidade às condições de cada caso concreto" ([35]) e tornaria praticamente impossível o aparecimento de planos urbanísticos adequados às realidades e aos problemas urbanísticos locais.

É no domínio do *conteúdo* do plano, ou seja, no campo das soluções a adoptar quanto ao regime de ocupação, uso e transformação do território por ele abrangido, que ganha maior expressão o chamado *princípio da discricionariedade de planificação* da Administração. A discricionariedade da autoridade que elabora e aprova o plano assume particular relevância quando esta determina o chamado *zonamento funcional*, estabelecendo os destinos ou vocações das várias parcelas do território por ele abrangidas ([36]).

Existe, porém, um elevado número de disposições legais que prescrevem limitações a esta liberdade de modelação do conteúdo dos planos, estabelecendo para alguns tipos de bens imóveis um *regime jurídico particular*, de tal modo que será ilegal uma previsão do plano incompatível com ele. A planificação urbanística está sujeita, por isso, a uma série de limitações *in rebus ipsis*, tanto de *carácter real*, isto é, que decorrem das características e das qualidades das próprias coisas imóveis, como de carácter *funcional*, ou seja, que dizem respeito não às coisas em si mesmas, mas ao destino que elas recebem por determinação legal. É o que acontece, desde logo, com as disposições legais que, tendo em conta as qualidades naturais e funcionais de uma coisa imóvel ou de uma categoria de coisas imóveis, visam conservar a sua estrutura sem modificações. Es-

---

([35]) Cfr. A. Rodrigues Queiró, *O Poder Discricionário da Administração*, Coimbra, Coimbra Editora, 1944, p.256.
([36]) Cfr. L. Marotta, *Pianificazione Urbanistica e Discrezionalità Amministrativa*, Padova, Cedam, 1988, p. 27.

tamos no domínio daquilo que a doutrina italiana designa por *bens públicos* ou bens de *interesse público*, que devem ser preservados de qualquer transformação urbanística. Por outras palavras, estamos perante situações em que a lei determina a preservação do existente.

As limitações referidas à ampla discricionaridade que caracteriza as escolhas do plano encontram o seu fundamento na tutela de um determinado interesse público não derrogável. No dizer de L. Marotta, este interesse público não derrogável – que é, em regra, definido pelo legislador – subtrai-se ao juízo de comparação com os interesses públicos e privados que devem ser tidos em conta pelo órgão dotado de poderes de planificação e, devendo prevalecer em todas as circunstâncias, apresenta-se como um limite não avaliável pelo exercício do poder discricionário daquele mesmo órgão [37].

Ora, no sector do *regime jurídico específico* de certos tipos ou categorias de solos – o qual não pode ser contrariado pelos planos –, ocorreram, no período temporal que vimos considerando, algumas reformas de particular significado. Sem qualquer preocupação de sermos exaustivos, referiremos os novos regimes jurídicos da *Reserva Agrícola Nacional* (RAN) e da *Reserva Ecológica Nacional* (REN), a disciplina a que ficam sujeitos os terrenos com povoamentos florestais percorridos por incêndios e, bem assim, os princípios a que deve obedecer a ocupação, uso e transformação dos solos incluídos na faixa costeira.

A RAN é regulada pelo Decreto-Lei n.º 196/89, de 14 de Junho (alterado, em algumas das suas disposições, pelo Decreto--Lei n.º 274/92, de 12 de Dezembro), o qual veio substituir o Decreto-Lei n.º 451/82, de 16 de Novembro. Abrange o conjunto das áreas que, em virtude das suas características morfológicas, climatéricas e sociais, maiores potencialidades apresentam para a produção de bens agrícolas – áreas essas que são identificadas

---

[37] Cfr. ob. cit., p. 27, 28.

na carta da RAN, a publicar por portaria do Ministro da Agricultura, Pescas e Alimentação, a qual pode ser feita de forma parcelada, designadamente município a município (artigo 5.º, n.ᵒˢ 1 e 2) ([38]). O objectivo principal da instituição da RAN é resguardar os solos de maior aptidão agrícola de todas as intervenções − designadamente urbanísticas − que diminuam ou destruam as suas potencialidades agrícolas e impeçam a sua afectação à agricultura (artigos 8.º a 11.º).

Por sua vez, a REN é disciplinada pelo Decreto-Lei n.º 93/90, de 19 de Março (alterado inicialmente pelo Decreto-Lei n.º 316//90, de 13 de Outubro, e depois pelo Decreto-Lei n.º 213/92, de 12 de Outubro),o qual veio revogar o Decreto-Lei n.º 321//83, de 5 de Julho. Com a instituição da REN, visa-se garantir a protecção de ecossistemas e a permanência e intensificação dos processos biológicos indispensáveis ao enquadramento equilibrado das actividades humanas. Nas áreas incluídas na REN ([39]) − essencialmente zonas costeiras e ribeirinhas, águas interiores,

---

([38]) O Decreto-Lei n.º 196/89 prevê ainda um regime transitório de delimitação das áreas da RAN − o qual vigorará até à publicação das portarias referidas no artigo 5.º −, baseado na classificação dos solos utilizada para a elaboração das cartas de capacidade de uso (artigos 24.º a 26.º).

([39]) A identificação das áreas a integrar e a excluir da REN é feita por portaria conjunta dos Ministros do Planeamento e da Administração do Território, da Agricultura, das Obras Públicas, Transportes e Comunicações, do Comércio e Turismo, do Ambiente e Recursos Naturais e do Mar, ouvida a Comissão Nacional da REN (artigos 3.º, n.º 1, e 8.º do Decreto-Lei n.º 93/90, na versão do Decreto-Lei n.º 213/92). Do diploma legal disciplinador da REN consta também um regime transitório aplicável às áreas incluídas e definidas, respectivamente, nos seus anexos II e III, que ainda não tenham sido objecto da delimitação acima referida, o qual consiste, essencialmente, na subordinação dos projectos das obras e empreendimentos que destruam ou danifiquem o seu valor ecológico a aprovação da delegação regional do Ministério do Ambiente e Recursos Naturais (artigo 17.º do Decreto-Lei n.º 93/90, na redacção introduzida pelo Decreto-Lei n.º 213/92).

áreas de infiltração máxima ou de apanhamento e zonas declivosas, referidas no anexo I e definidas no anexo III do Decreto-Lei n.º 93/90 – são, em geral, proibidas as acções de iniciativa pública ou privada que se traduzem em operações de loteamento, obras de urbanização, construção de edifícios, obras hidráulicas, vias de comunicação, aterros, escavações e destruição do coberto vegetal, ou seja, quaisquer obras urbanísticas que destruam ou danifiquem o seu valor ecológico (artigo 4.º do Decreto-Lei n.º 93/90, na redacção do Decreto-Lei n.º 213/92).

Destaque merece também o regime jurídico das áreas florestais percorridas por incêndios. Aspectos marcantes desse regime são, por um lado, a imposição ao proprietário daquelas áreas florestais – ou ao arrendatário, no caso de elas terem sido objecto de arrendamento florestal – da obrigação de efectuar a sua rearborização (artigo 1.º do Decreto-Lei n.º 139/88, de 22 de Abril) [40] e, por outro lado, a *imobilização*, pelo prazo de dez anos, a contar da data do fogo, de todos os terrenos com povoamentos florestais destruídos ou danificados por incêndios, e consequente proibição da sua afectação a outros fins que não o da reflorestação, com a finalidade de dissuadir a destruição criminosa de manchas florestais, por meio do ateamento de incêndios, com vista à posterior ocupação dos solos para outros fins, designadamente urbanísticos e de construção (artigo 1.º

---

[40] O artigo 1.º, n.ᵒˢ 1 e 2, do Decreto-Lei n.º 180/89, de 30 de Maio, impõe também a obrigação de reflorestação ao proprietário – ou ao arrendatário, sendo caso disso – de terrenos florestais percorridos por incêndios sitos em áreas protegidas. Mas o n.º 3 do citado preceito legal estatui que o Serviço Nacional de Parques, Reservas e Conservação da Natureza (SNPRCN) poderá tomar o seu cargo as acções de reflorestação previstas naqueles dois números, substituindo-se ao proprietário ou ao arrendatário, quando estes não disponham de meios suficientes para efectuar as referidas acções, mediante a celebração de um acordo entre ambas as partes.

do Decreto-Lei n.º 327/90, de 22 de Outubro, alterado, por ratificação, pelo artigo único da Lei n.º 54/91, de 8 de Agosto) ([41]).

Todos os solos incluídos na RAN, REN e com povoamentos florestais devem ser identificados nos PROT [artigo 9.º, n.º 2, alínea a), do Decreto-Lei n.º 176-A/88] e nos planos municipais (artigos 10.º, n.º 6, do Decreto-Lei n.º 69/90 e 33.º do Decreto-Lei n.º 196/89), devendo, além disso, estes últimos, designadamente os planos directores municipais, classificar as manchas florestais com base em critérios fundados no maior ou menor risco de incêndio e estabelecer medidas de prevenção contra incêndios nas áreas florestais (artigo 4.º, n.ºs 1 e 2, do Decreto-Lei n.º 327/90).

Por fim, interessa mencionar o Decreto-Lei n.º 302/90, de 26 de Setembro, que, em execução dos objectivos traçados na Carta Europeia do Litoral, aprovada na reunião plenária da Conferência das Regiões Periféricas Marítimas da CEE, realizada em Creta, em 1981, condensa os princípios a que deve obedecer a ocupação, uso e transformação da faixa costeira – a qual é definida, no n.º 2 do artigo 1.º daquele diploma legal, como "a banda ao longo da costa marítima, cuja largura é limitada pela linha de máxima praia-mar das águas vivas equinociais e pela linha situada a 2km daquela para o interior". O mencionado diploma legal estabelece, em anexo, um naipe de princípios respeitantes à organização e gestão dos solos da faixa costeira, com a finalidade de evitar a sua degradação, os quais devem,

---

([41]) O n.º 2 do artigo 1.º deste diploma legal estabelece, porém, que a proibição, durante aquele período de tempo, de ocupação dos terrenos mencionados para fins diferentes dos florestais pode ser levantada mediante despacho conjunto dos Ministros do Planeamento e da Administração do Território, da Agricultura, Pescas e Alimentação e do Ambiente e Recursos Naturais, sobre pedido fundamentado dos interessados, em que se demonstre, nomeadamente, que o incêndio da propriedade em causa se ficou a dever a causas fortuitas, a que estes interessados são totalmente alheios.

em geral, ser recebidos nos planos municipais de ordenamento do território que abranjam áreas da referida faixa (artigo 3.º), e, bem assim, observados em todos os projectos de loteamento ou de obras que se localizem total ou parcialmente na mesma, na ausência de instrumentos de planificação territorial ou de regras estabelecidas, por decreto regulamentar, para a ocupação, uso e transformação de áreas da faixa costeira que concretizem aqueles princípios (artigos 2.º, 4.º e 11.º) ([42]).

[42] Posteriormente à data da conferência, cujo texto constitui a base da presente publicação, viu a luz do dia o Decreto-Lei n.º 19/93, de 23 de Janeiro, que, no desenvolvimento do regime jurídico constante do artigo 29.º da Lei de Bases do Ambiente (Lei n.º 11/87, de 7 de Abril), estabeleceu a disciplina jurídica da *rede nacional de áreas protegidas*, diploma que revogou o Decreto-Lei n.º 613/76, de 27 de Julho, que continha o estatuto jurídico das áreas classificadas.

A classificação de uma zona como área protegida implica a sujeição dos solos que a integram a um especial regime de ocupação, uso e transformação, o qual deve ser respeitado pelos PROT [artigo 9.º, n.º 2, alínea *b*), do Decreto-Lei n.º 176-A/88] e pelos planos municipais de ordenamento do território (artigo 10.º, n.º 6, do Decreto-Lei n.º 69/90). O artigo 2.º do Decreto-Lei n.º 19/93 – no seguimento do estatuído no n.º 2 do artigo 29.º da Lei n.º 11/87, o qual, por seu lado, se alicerçou nos artigos 9.º, alínea *e*), e 66.º, n.º 2, alíneas *b*) e *c*), da Constituição – distingue áreas protegidas de interesse nacional (parque nacional, reserva natural, parque natural e monumento natural), de interesse regional ou local (área de paisagem protegida) e de estatuto privado ("sítio de interesse biológico").

Os artigos 5.º a 10.º do Decreto-Lei n.º 19/93 contêm a definição de cada uma daquelas modalidades de áreas protegidas e a indicação dos efeitos da respectiva classificação, referindo o artigo 11.º que, nas áreas protegidas, podem ainda ser demarcadas zonas de protecção integral, denominadas "reservas integrais", cuja demarcação tem como consequência a sujeição da respectiva área a expropriação por utilidade pública.

A classificação de *áreas protegidas de interesse nacional* é feita por decreto regulamentar, o qual indica, a par de outros elementos, o tipo e delimitação geográfica da área e seus objectivos específicos e os actos e actividades condicionados ou proibidos (artigo 13.º, n.º 1), sendo aquele acto obrigatoriamente precedido de *inquérito público*, com vista à recolha

Os princípios definidos no Decreto-Lei n.º 302/90 constituem verdadeiros *"standards urbanísticos"* especiais ou de

de observações e sugestões dos interessados sobre a classificação da área como área protegida, e audição das autarquias locais e dos ministérios competentes (artigo 13.º, n.ºs 3 a 5). O decreto regulamentar de classificação de uma área protegida pode fixar condicionamentos ao uso, ocupação e transformação do solo, bem como interditar, ou condicionar a autorização dos respectivos órgãos directivos no interior da área protegida, as acções e actividades susceptíveis de prejudicar o desenvolvimento natural da fauna ou da flora ou as características da área protegida (artigo 13.º, n.º 6). No decreto regulamentar de classificação é fixado o prazo de elaboração do plano de ordenamento e respectivo regulamento, sob pena de caducidade do acto de classificação, o qual é elaborado pelo Serviço Nacional de Parques, Reservas e Conservação da Natureza (SNPRCN) e aprovado por decreto regulamentar, e que passará a constituir o documento condensador das regras jurídicas aplicáveis à área protegida, revogando, consequentemente, as disposições relativas a actos e actividades proibidos ou condicionados previstos no decreto regulamentar de classificação (artigos 14.º e 15.º).

A classificação de *áreas de paisagem protegida* é operada também por decreto regulamentar, sob proposta das autarquias locais e associações de municípios, a qual deve ser dirigida ao SNPRCN acompanhada dos elementos referidos no n.º 2 do artigo 26.º (artigos 26.º e 27.º). A área de paisagem protegida dispõe obrigatoriamente de um plano de ordenamento e respectivo regulamento, equiparado, com as devidas adaptações, a um plano de pormenor, o qual define a política de salvaguarda e conservação que se pretende instituir, dispondo, designadamente, sobre os usos do solo, e condições de alteração dos mesmos, hierarquizados de acordo com os valores do património em causa, e cuja aprovação é feita por despacho conjunto dos Ministros do Planeamento e da Administração do Território, da Agricultura e do Ambiente e Recursos Naturais (artigo 28.º).

Finalmente, a classificação do *sítio de interesse biológico* é realizada a requerimento dos proprietários interessados, também por decreto regulamentar, que fixa a delimitação geográfica da área e as obrigações daqueles (artigos 10.º, 30.º e 31.º).

Apontado, em traços muito gerais, o regime jurídico das áreas protegidas, importa acentuar que as proibições, restrições e condicionamentos ao uso, ocupação e transformação do solo constantes do decreto regulamentar de classificação de um espaço como *área protegida* – e que serão postes

eficácia diferida, na medida em que traduzem determinações materiais de ordenamento fixadas pela lei, com a finalidade

riormente integrados, como já referimos, no plano de ordenamento da *área protegida* – não conferem, por via de regra, ao respectivo proprietário um direito de indemnização. Discurso similar pode ser feito em relação às restrições ou limitações às faculdades de uso ou de utilização dos solos resultantes das portarias de integração de uma área na RAN ou na REN.

É que as proibições (designadamente a proibição de construção), restrições ou condicionamentos à utilização dos bens considerados necessários à *conservação* das suas características físicas (e também do seu destino económico) são, em geral, como salienta a doutrina e a jurisprudência germânicas, uma mera consequência da *vinculação situacional* (*Situationsgebundenheit*) da propriedade que incide sobre os solos incluídos nas *áreas protegidas*, isto é, um simples produto da especial situação factual destes, da sua inserção na natureza e na paisagem e das suas características intrínsecas (cfr. a nossa obra *O Plano Urbanístico*, cit., p. 320-324). Como vem realçando a doutrina e a jurisprudência italianas em relação à imposição de vínculos paisagísticos sobre imóveis privados, o acto de classificação de uma zona como *área protegida* não constitui uma expropriação que reclame uma indemnização, uma vez que o acto classificatório limita-se a tornar actual uma vocação que existe *naturaliter* nos bens, em razão das suas qualidades intrínsecas [cfr., na doutrina, por todos, M. Immordino, *Vincolo Paesaggistico e Regime dei Beni*, Padova, Cedam, 1991, p. 113-118, 259-285, e, na jurisprudência, a Sentença da *Corte Costituzionale* n.º 56, de 29 de Maio de 1968, citada por G. Rolla, *Il Privato e l'Espropriazione (I-Principi di Diritto Sostanziale e Criteri di Indennizo)*, 2ª ed.,Milano, Giuffrè, 1986, p. 14, 15, Masucci/Torrepadula, *Diritto Urbanistico*, 3ª ed., Roma, Jandi Sapi, 1980, p. 69, 70, nota 82, e G. Mengoli, ob. cit., p. 351, 352, nota 29].

A tese exposta não excluirá, todavia, que, em situações decerto excepcionais, o acto de classificação de uma zona como *área protegida* implique a atribuição a algum ou alguns proprietários de uma indemnização. Isso sucederá, seguramente, quando do acto de classificação resultar uma proibição ou uma grave restrição à utilização que o proprietário vinha habitualmente efectivando no seu terreno, como, por exemplo, o exercício de uma actividade agrícola, para a qual a área em causa tinha especiais aptidões. Numa situação dessas – cuja identificação não se compadece com formulações genéricas, antes pressupõe uma punctualização tópica e tí-

específica de estabelecer critérios de fundo a observar obrigatoriamente pelos planos – funcionando, por isso, como limites à discricionaridade de planeamento – e cuja operatividade se actualiza no momento em que são recebidos por aqueles, mas também autênticos *"standards urbanísticos" ope legis, gerais ou de eficácia imediata*, já que encerram prescrições oponíveis directamente aos particulares que apresentem na câmara municipal um pedido de licenciamento de uma operação de loteamento ou de uma obra de construção civil, localizada numa área incluída na faixa costeira, no caso de inexistir um plano municipal de ordenamento do território que tenha adoptado os princípios condensados no referido diploma legal ([43]) ([44]).

---

pica –, o acto de classificação produz danos na esfera jurídica do proprietário de tal *gravidade* e *intensidade* que deve ser-lhe reconhecido natureza expropriativa e, consequentemente, ser acompanhado de indemnização.

Repare-se que estamos aqui a falar das hipóteses em que as áreas classificadas como *áreas protegidas* continuam nas mãos dos proprietários privados, isto é, das situações em que, por efeito do acto de classificação, se assiste a uma *expropriação de sacrifício* ou a uma *expropriação em sentido substancial*. Diferentes são os casos em que, na sequência da classificação de uma área como *área protegida*, tem lugar uma expropriação (em sentido clássico) e consequente transferência do direito de propriedade que sobre ela incide para a Administração Pública, nos quais estão afastadas quaisquer dúvidas sobre a garantia do direito de indemnização. É o que sucede com a demarcação nas *áreas protegidas* de zonas de protecção integral, denominadas *"reservas integrais"* – definidas como "espaços que têm por objectivo a manutenção dos processos naturais em estado imperturbável e a preservação de exemplos ecologicamente representativos num estado dinâmico e evolutivo e em que a presença humana só é admitida por razões de investigação científica ou monitorização ambiental" (artigo 11.º, n.º 2, do Decreto-Lei n.º 19/93) –, da qual resulta a sujeição das áreas em causa a expropriação, nos termos da lei (artigo 11.º, n.º 3, do referido diploma legal).

([43]) A distinção entre os dois tipos de *"standards urbanísticos"* referidos no texto pertence à doutrina italiana (cfr., por todos, F. Salvia / F. Teresi, *Diritto Urbanistico*, 4ª ed., Padova, Cedam, 1986, p. 38-40, e N. Assini/P. Mantini, ob. cit., p. 261-263). Ao invés, a doutrina espanhola não

3. As reformas no âmbito dos instrumentos jurídicos de gestão urbanística

Como já foi salientado, os planos urbanísticos definem e estabelecem as regras e os princípios respeitantes à ocupação,

opera a aludida distinção, considerando apenas como "*standards urbanísticos*" (sem qualquer qualificativo) os apontados em primeiro lugar (cfr. T. – Ramón Fernández, ob. cit.,p. 45-48, e E. García de Enterría / L.Parejo Alfonso, *Lecciones de Derecho Urbanistico*, Madrid, Civitas, 1981, p. 201).

Sobre a problemática dos "*standards urbanísticos*", cfr. ainda a nossa obra *O Plano Urbanístico*, cit., p. 293, 294, nota 219.

([44]) O Decreto-Lei n.º 309/93, de 2 de Setembro – diploma que deve ser interpretado em conjugação com o regime jurídico respeitante à ocupação, uso e transformação da faixa costeira, constante do citado Decreto-Lei n.º 302/90 –, veio regular uma nova figura planificatória: os planos de ordenamento da orla costeira (POOC). Estes planos têm como objecto as águas marítimas costeiras e interiores e respectivos leitos e margens, com faixas de protecção a definir no âmbito de cada plano, as quais incluem uma "faixa marítima de protecção" e uma "zona terrestre de protecção", não podendo esta última ter uma largura superior a 500 metros contados da linha que limita a margem das águas do mar (artigo 3.º, n.ºs 1 e 2), e são definidos pela lei como planos sectoriais que definem os condicionamentos, vocações e usos dominantes e a localização de infra-estruturas de apoio a esses usos e orientam o desenvolvimento das actividades conexas (artigo 2.º, n.º 1). Os POOC – que não abrangem as áreas sob jurisdição portuária referidas no Decreto-Lei n.º 201/92, de 29 de Setembro (artigo 3.º, n.º 3) – têm por objectivo o ordenamento dos diferentes usos e actividades específicas da orla costeira, a classificação das praias e a regulamentação do uso balnear, nos termos definidos no anexo I ao Decreto-Lei n.º 309/93, a valorização e qualificação das praias consideradas estratégicas por motivos ambientais ou turísticos, a orientação do desenvolvimento de actividades específicas da orla costeira e a defesa e conservação da natureza (artigos 2.º, n.º 2, e 5.º).

Os POOC são elaborados pelo Instituto da Água (INAG) ou, no caso das Regiões Autónomas, pela capitania do porto, por troços de costa (artigo 7.º, n.º 1). A elaboração daqueles é precedida pela constituição de uma comissão técnica de acompanhamento, cuja composição é referida nos n.ºs 3 e 4 do artigo 7.º, à qual cabe, para além do acompanhamento da elaboração do POOC, a promoção de consultas a outras entidades interessadas /

uso e transformação do solo por eles abrangido. Mas, por via de regra, os planos não têm apenas como finalidade a regulamentação do processo urbanístico, desinteressando-se do *modo* e do *quando* da concretização do modelo territorial por eles desenhado. Pelo contrário, os planos — e nisso reside um dos traços da sua peculiaridade normativa — encerram normalmente

no plano, em função das propostas nele formuladas, e a elaboração do parecer final sobre o mesmo (artigos 7.°, n.° 5, e 8.°). Findo o prazo do inquérito público – cuja abertura é promovida pelo INAG ou, nas Regiões Autónomas, pela capitania do porto (artigo 9.°) — e ponderados os resultados deste, é o plano submetido pelas entidades responsáveis pela sua elaboração a aprovação, a qual é feita por portaria conjunta dos Ministros da Defesa Nacional, do Planeamento e da Administração do Território, do Comércio e Turismo, do Ambiente e Recursos Naturais e do Mar (artigo 10.°).

Importantes, no contexto das linhas definidoras do regime jurídico da figura do POOC, são ainda os artigos 12.° e 18.° do Decreto-Lei n.° 309/93. O primeiro refere que o POOC deve observar os princípios definidos no anexo II quanto à ocupação, uso e transformação da zona terrestre de protecção (n.° 1) — princípios idênticos aos referidos no anexo ao Decreto-Lei n.° 302/90, de 28 de Setembro, e que abrangem, *inter alia*, o afastamento, tanto quanto possível, das edificações da linha da costa, o não desenvolvimento das edificações ao longo da costa, o desenvolvimento preferencial em forma de "cunha" da ocupação urbana próxima do litoral, a não abertura de estradas paralelas à costa, a integração das edificações na paisagem, respeitando o carácter das edificações existentes e dos sítios naturais, etc. –, que, até à aprovação do mesmo, a ocupação, uso e transformação das zonas terrestres de protecção devem obedecer aos referidos princípios (n.° 2) e, bem assim, que, na ausência de POOC ou de plano municipal de ordenamento do território em vigor, o licenciamento municipal de obras a realizar na zona terrestre de protecção carece de parecer favorável da direcção regional do ambiente e recursos naturais (n.° 3). O segundo versa o tema da articulação do POOC com outros planos, determinando que aquele deve compatibilizar-se com os planos regionais e municipais do ordenamento do território em vigor para a respectiva área (n.° 1) e que na elaboração dos planos municipais de ordenamento do território deve atender-se às regras de ordenamento constantes dos POOC em vigor para a respectiva área (n.° 2).

disposições que têm a ver com o problema da execução concreta das suas previsões ([45]).

Os planos urbanísticos têm, assim, ao lado de uma componente *estática*, traduzida no estabelecimento de um ordenamento dos solos, uma componente *dinâmica*, espelhada na fixação de medidas que corporizam a sua intrínseca vocação de cumprimento ou de execução ([46]).

Esta vocação de cumprimento dos planos reclama uma actividade complementar de execução das suas disposições. A actividade de *execução dos planos urbanísticos* assume uma importância primordial, já que é, através dela, que se efectiva a concretização do modelo territorial neles talhado, em conformidade com a programação e as previsões nele estabelecidas e mediante a necessária transformação da realidade.

A execução das prescrições dos planos integra-se no âmbito da *gestão urbanística*, constituindo o conteúdo normal e institucionalmente mais relevante desta. Mas o conceito de *gestão urbanística* é mais amplo do que o de *execução dos planos*

([45]) Assim, o artigo 3.º, alínea *d*), do Decreto-Lei n.º 176-A/88, de 18 de Maio (na redacção introduzida pelo Decreto-Lei n.º 367/90, de 26 de Novembro), determina que os PROT têm por objectivo "estabelecer directrizes, mecanismos ou medidas complementares de âmbito sectorial que forem consideradas necessárias à implementação dos PROT". Por sua vez, o artigo 11.º, n.º 1, alíneas *c*) e *d*), do Decreto-Lei n.º 69/90, de 2 de Março, estabelecem como elementos complementares dos planos municipais o *programa de execução* e o *plano de financiamento*, contendo o primeiro "disposições indicativas sobre o escalonamento temporal das principais obras públicas a cargo do município e de elaboração ou revisão de outros planos municipais" e o segundo "a estimativa do custo das realizações municipais previstas no plano" e a mencionação, de forma indicativa, das fontes de financiamento por fases de execução.

O n.º 2 do artigo 11.º do Decreto-Lei n.º 69/90 refere, porém, que a elaboração do programa de execução e do plano de financiamento é facultativa nos PDM.

([46]) Cfr. T. – Ramón Fernández, ob. cit., p. 157, 158.

urbanísticos. Aquela abarca não apenas a actividade de execução dos planos urbanísticos — a qual pode seguir três vias diferentes: execução por iniciativa e responsabilidade da Administração, execução por iniciativa e responsabilidade dos particulares, mediante controlo da Administração, e execução através de colaboração entre a Administração e os proprietários do solo ([47]) —, mas igualmente todas as actividades relacionadas com a ocupação, uso e transformação do solo, quer sejam realizadas directamente pela Administração Pública, quer pelos particulares, sob a direcção, promoção, coordenação ou controlo daquela, não enquadradas no contexto específico da execução de um plano urbanístico ([48]). Pode, assim, haver *gestão urbanística*, sem que haja, simultaneamente, *execução de planos urbanísticos*. Uma situação destas ocorrerá sempre que não exista plano urbanístico para executar, uma vez que a inexistência de plano não pode ter como consequência a paralisação da actividade de transformação urbanística.

([47]) Instrumento privilegiado — embora não o único — da primeira é a expropriação por utilidade pública; figuras típicas da segunda são o loteamento urbano e o licenciamento de obras particulares; na terceira, emerge como instituto predominante a "associação da Administração com os proprietários", a qual é disciplinada pelos artigos 22.º a 26.º do Decreto--Lei n.º 794/76, de 5 de Novembro, e pelo Decreto n.º 15/77, de 18 de Fevereiro. Cfr., sobre esta temática, D. Freitas do Amaral, *Sumários de Direito Administrativo*, policop., Lisboa, 1971, p. 101-107. Para uma análise da figura jurídica da "associação da Administração com os proprietários", cfr. a nossa obra *O Plano Urbanístico*, cit., p. 625 ss..

O Decreto-Lei n.º 69/92, de 2 de Março, nada diz sobre os *processos, modalidades ou sistemas* de execução dos planos municipais, enfermando, assim, de mais uma significativa lacuna, a somar às anteriormente mencionadas. Tendo em conta a assinalada importância da matéria da execução dos planos, seria desejável que o legislador disciplinasse e reunisse, num mesmo diploma, o regime jurídico dos processos típicos de execução das disposições dos planos urbanísticos.

([48]) Cfr. García de Enterría/Parejo Alfonso, ob. cit., p. 492.

Ora, no âmbito dos instrumentos jurídicos de gestão urbanística, produziu o Governo, há relativamente poucos meses, algumas reformas significativas. Incidiram elas sobre a expropriação por utilidade pública, o loteamento urbano e o licenciamento de obras particulares.

3.1. *O Código das Expropriações de 1991. Principais inovações*

A expropriação é um instituto cujo âmbito de aplicação ultrapassa claramente o domínio do *urbanismo*, já que qualquer *fim* de utilidade pública, de interesse geral, de interesse público ou de utilidade geral pode servir de fundamento à sua concretização, como decorre do artigo 62.º, n.º 2, da Lei Fundamental. É inegável, no entanto, que a expropriação constitui um importante instrumento jurídico de gestão urbanística, dado que existem várias disposições dos planos cuja execução implica necessariamente a expropriação de imóveis e direitos a eles inerentes – a denominada *expropriação acessória ao plano* –, sendo, além disso, frequentes as expropriações daquelas categorias de bens e direitos para a realização, em geral, de fins urbanísticos. Ora, estando umas e outras sujeitas ao regime constante do Código das Expropriações, justifica-se perfeitamente a referência a este diploma nesta breve abordagem do tema que constitui o título desta comunicação.

Munido de credencial parlamentar, conferida pela Lei n.º 24/91, de 16 de Julho, aprovou o Governo, há pouco mais de um ano, um novo Código das Expropriações, através do Decreto-Lei n.º 438/91, de 9 de Novembro. Não são estes o local e o momento apropriados para analisar aprofundadamente os aspectos inovadores do novo Código. Apontaremos, por isso, tão-só os tópicos das reformas por ele introduzidas, as quais foram profundas e implicaram uma alteração substancial do Código anterior ([49]).

([49]) Uma análise das principais inovações trazidas pelo Código das Expropriações de 1991 encontra-se na nossa obra *Código das Expropria-*

Nas modificações trazidas pelo novo Código, é possível descortinar três ideias norteadoras: a primeira, de reforço das garantias do expropriado; a segunda, de simplificação do procedimento expropriativo; e a terceira, de reunião, no mesmo diploma, dos regimes da expropriação e da requisição por utilidade pública.

Na epígrafe do robustecimento das garantias do expropriado, cabem as seguintes reformas: o estabelecimento, no artigo 2.º, de um *pressuposto geral* de legitimidade da expropriação, consistente em esta só poder ter lugar após o esgotamento da possibilidade de aquisição do bem ou direito a expropriar pela via do direito privado, salvo nos casos em que a necessidade da expropriação decorra de calamidade pública ou de exigências de segurança interna e de defesa nacional (artigo 39.º, n.º 2) ou naqueles em que seja atribuído pelo

---

ções e Outra Legislação sobre Expropriações por Utilidade Pública *(Introdução)*, Lisboa, Aequitas / Diário de Notícias, 1992.

Saliente-se que o Decreto-Lei n.º 354/93, de 9 de Outubro (alicerçado na autorização legislativa concedida pela Lei n.º 57/93, de 6 de Agosto), contém algumas especificidades, essencialmente de índole processual, no domínio das expropriações relacionadas com a EXPO 98, as quais abrangem as expropriações dos imóveis, e direitos a eles relativos, para a realização daquele evento, bem como para o reordenamento urbano da zona oriental do município de Lisboa e das zonas limítrofes do município de Loures, em execução do plano de urbanização, elaborado pela sociedade Parque EXPO 98, S.A., e aprovado pelo Ministro das Obras Públicas, Transportes e Comunicações, para a zona declarada área crítica de recuperação e reconversão urbanística pelo Decreto-Lei n.º 16/93, de 13 de Maio, e ainda as expropriações destinadas à disponibilização de solos para alienação no quadro do referido plano de urbanização (sendo as receitas obtidas obrigatoriamente aplicadas na realização da EXPO 98 e das obras de urbanização decorrentes do plano) e à disponibilização dos terrenos necessários à reinstalação e funcionamento das actividades actualmente localizadas na zona de intervenção da EXPO 98 (cfr. os artigos 5.º e 7.º a 10.º do Decreto-Lei n.º 354/93 e o Decreto-Lei n.º 87/93, de 23 de Março).

Governo carácter de urgência à expropriação, nos termos do artigo 13.º do Código; a consagração, no artigo 14.º, de regras que possibilitem aos titulares dos bens ou direitos a expropriar o conhecimento antecipado das intenções expropriativas da Administração Pública, de modo a impedir a ocorrência de situações – como sucedia, tantas vezes, no âmbito do anterior Código – em que os particulares apenas tinham conhecimento efectivo de que os seus bens tinham sido expropriados, aquando da tomada de posse administrativa por parte da entidade expropriante, para efeitos de começo das obras projectadas, devido à circunstância de, frequentes vezes, lhes passar despercebida a publicação do acto de declaração de utilidade pública na II Série do Diário da República; a fixação, em matéria de posse administrativa, de uma *nova condição* para a sua efectivação, a par da vistoria *ad perpetuam rei memoriam*, a qual se traduz na necessidade de a entidade expropriante efectuar depósito, à ordem do titular dos bens a expropriar, da quantia que tiver sido fixada pelo perito ou, se houver contestação por parte do expropriado, do eventual excesso para a média dos valores em confronto, sendo, neste caso, o depósito feito à ordem do juiz de direito da comarca da situação dos bens a expropriar; a alteração, na esteira da jurisprudência do Tribunal Constitucional [50], das regras jurídicas respeitantes ao cálculo

---

[50] No preâmbulo do Decreto-Lei n.º 438/91, de 9 de Novembro, que aprovou o novo Código das Expropriações, salienta-se expressamente que, na alteração das normas jurídicas respeitantes ao cálculo da justa indemnização, foi tomada em consideração a jurisprudência do Tribunal Constitucional sobre aquela matéria. A aditar à jurisprudência existente na data da aprovação do Código de 1991 – a qual consta essencialmente do Acórdão n.º 131/88 (publicado no DR, I Série, n.º 148, de 29 de Julho de 1988), no qual foi declarada, com força obrigatória geral, a inconstitucionalidade da norma do n.º 1 do artigo 30.º do Código das Expropriações de 1976, e, bem assim, do Acórdão n.º 52/90 (publicado no DR, I Série, n.º 75, de 30 de Março de 1990), que declarou, também com força obrigatória geral, a

do montante da indemnização, abandonando o Código de 1991 a anterior classificação dos terrenos em terrenos situados fora

inconstitucionalidade da norma do n.º 2 do artigo 30.º do mesmo Código –, devem mencionar-se os recentes Acórdãos do TC n.ᵒˢ 210/93 e 264/93 (publicados no DR, II Série, n.º 124, de 28 de Maio de 1993, e n.º182, de 5 Agosto de 1993, respectivamente), que julgaram inconstitucional a norma do artigo 33.º do Código de 1976, na parte em que determinava que o valor dos terrenos situados em aglomerado urbano não poderia exceder, em qualquer caso, o valor de 15% do custo provável da construção que neles fosse possível erigir, por violação dos artigos 62.º, n.º 2, e 13.º, n.º 1, da Constituição.

Naquele primeiro aresto, teve, no entanto, o Tribunal Constitucional a preocupação de esclarecer que a infracção ao princípio da "justa indemnização", inserto no artigo 62.º, n.º 2, da Lei Fundamental, por parte da norma do n.º 1 do artigo 33.º do Código das Expropriações de 1976 encontrava o seu fundamento "não na opção legislativa da referência do valor do terreno situado em aglomerado urbano ao custo provável da construção que nele seja possível implantar, tendo em conta o seu normal destino edificatório, mas antes na fixação ao *quantum* da indemnização de um máximo percentual *igual para todos os casos, rigoroso e inultrapassável*", fenómeno que impedirá, em algumas situações, que "o dano patrimonial infligido ao expropriado seja integralmente *ressarcido*, obstando, assim, a que seja atingida a meta almejada de uma *indemnização justa*". Esta observação do Tribunal Constitucional teve como finalidade impedir uma transposição de plano da doutrina do Acórdão n.º 210/93 para a norma do artigo 25.º do Código das Expropriações de 1991, que, embora adopte o princípio da referência do valor do solo apto para a construção ao valor da construção nele existente ou, quando for caso disso, ao valor provável daquela que nele seja possível efectuar de acordo com as leis e regulamentos em vigor, num aproveitamento economicamente normal, à data da declaração de utilidade pública – valor esse que deverá corresponder a 10% do valor da construção, no caso de o solo dispor apenas de acesso rodoviário sem pavimento em calçada, betuminoso ou equivalente –, prevê, porém, vários acréscimos percentuais a este montante – que no seu total podem ascender até aos 34% –, com base em determinados índices valorativos do terreno (reservando, por exemplo, uma margem de 15% para a localização e qualidade ambiental do solo) e tendo em atenção as características específicas de cada caso concreto.

dos aglomerados urbanos,em zona diferenciada do aglomerado urbano e em aglomerado urbano (artigos 30.°, n.ºˢ 1 e 2.°, e 33.° do anterior Código), para "regressar" à divisão do solo em apto para a construção e para outros fins (artigo 24.°, n.° 1) ([51]); o

([51]) O novo Código das Expropriações não contém quaisquer disposições transitórias (ou temporárias) que visem solucionar de modo específico os problemas decorrentes da colisão temporal entre as suas normas e as do Código anterior. A ausência de normas destinadas a resolver o conflito temporal de aplicação entre o Código de 1976 e o Código novo (conflito vertical de normas, na expressão de A. Rodrigues Queiró, cfr. *Lições de Direito Administrativo*, Vol. I, Coimbra, 1976, p. 522) é susceptível de originar dúvidas sobre a eficácia temporal das novas regras jurídicas respeitantes ao cálculo do montante da indemnização por expropriação – dúvidas essas que inexistiam no domínio do Código de 1976, uma vez que o seu artigo 132.°, n.° 1, preceituava que as disposições respeitantes à indemnização só eram aplicáveis às expropriações cuja utilidade pública resultasse de acto praticado e publicado depois da sua entrada em vigor.

Existe, porém, uma uniforme e constante jurisprudência do Supremo Tribunal de Justiça sobre esta problemática, a qual vai no sentido de que, sendo a declaração de utilidade pública o acto constitutivo da expropriação, devem as expropriações reger-se, no que respeita às regras jurídicas sobre a indemnização, e dada a natureza substantiva destas últimas, pela lei vigente à data da publicação no DR do acto da declaração de utilidade pública [cfr., *inter alia*, os Acórdãos do Supremo Tribunal de Justiça de 18 de Junho de 1974, 6 de Junho de 1975, 4 de Janeiro de 1979 e de 20 de Novembro de 1980, no *BMJ*, n.ºˢ 238 (1974), p. 160 ss., 248 (1975), p. 370 ss., e 283 (1979), p. 172 ss., e em Jorge Ferreira, *Legislação Autárquica – III*, Coimbra, CEFA, 1988, p. 585-587, respectivamente].

Entendemos que a tese segundo a qual as expropriações se regulam pela lei vigente à data da respectiva declaração de utilidade pública é perfeitamente válida, quando aplicada às normas que têm a ver com a determinação do valor da indemnização, dado que aquela data constitui o ponto de referência do cálculo do montante da indemnização (cfr. o artigo 23.°, n.° 1, do novo Código e o artigo 29.°, n.° 1, do Código anterior). Ela não poderá, no entanto, ser aplicada no domínio das normas disciplinadoras da *reversão* ou *retrocessão* dos bens expropriados, como se mostrará na nota subsequente.

"retorno" à consagração da possibilidade de os expropriados exercerem o direito de reversão ou de retrocessão dos bens expropriados (*Rückenteignung*), nos casos em que o expropriante não os aplicar ao fim que determinou a expropriação no prazo de dois anos após a adjudicação ou naqueles em que tiver cessado a aplicação a esse fim ([52]); e a circunscrição da

---

([52]) A questão do âmbito de aplicação temporal das novas disposições sobre o direito de reversão apresenta particulares dificuldades, dado que o Código de 1991 veio consagrar, em termos genéricos, o direito de os expropriados recuperarem os bens que lhes tinham sido subtraídos, quando ocorrer alguma das causas referidas no n.º 1 do artigo 5.º, rompendo com a solução do anterior Código, que era a de negar o direito de reversão quando a entidade expropriante fosse de direito público, salvo se o expropriado fosse uma autarquia local (cfr. o artigo 7.º do Código de 1976).

A favor da inaplicabilidade das normas consagradoras do direito de reversão às expropriações cujo acto de declaração de utilidade pública tenha sido publicado antes da entrada em vigor do novo Código, e em relação às quais o Código anterior não reconhecia aquele direito, poderá invocar-se, *sic et simpliciter*, a jurisprudência citada na nota anterior sobre a aplicação no tempo das leis que contêm o regime jurídico das expropriações. De acordo com um ponto de vista ligeiramente diferente deste, poderá defender-se que as disposições reguladoras do direito de reversão do novo Código não se aplicam às expropriações em relação às quais tenha ocorrido, ainda no domínio da vigência do Código anterior, a *adjudicação da propriedade* do bem expropriado, com o fundamento de que as normas de direito administrativo não têm, em regra, eficácia retroactiva, isto é, não se aplicam aos factos ou situações verificados e consumados antes da sua entrada em vigor.

Mas, tendo em conta que o fundamento do direito de reversão entronca na garantia constitucional do direito de propriedade privada (artigo 62.º, n.º 1), em termos de o expropriado poder exigir a recuperação do bem directamente com base nela, mesmo "na ausência de lei ou até contra a lei"; que a natureza jurídica do direito de reversão está intimamente ligada à ideia de que o fim de utilidade pública justificativo da expropriação acompanha a vida deste instituto mesmo para além da sua consumação, em termos de a solidez da transferência da propriedade dos bens decorrente da expropriação para a entidade expropriante estar sujeita à *condição resolu-*

tiva de esta dar ao bem expropriado o destino específico de utilidade pública; e, bem assim, que o legislador fundamentou o *"regresso"* à consagração, em termos amplos, do direito de reversão na necessidade de atribuir conteúdo útil a uma importante garantia do expropriado e na urgência em reintroduzir, no direito das expropriações, um factor de *moralização* da actuação da Administração na efectiva utilização do bem expropriado para o fim de utilidade pública que esteve presente na respectiva declaração (cfr. o preâmbulo do DecretoLei n.º 438/91, de 9 de Novembro), poderá questionar-se se a solução mais razoável e mais justa não estará, antes, na admissibilidade da aplicação, em certos termos, das normas sobre o direito de reversão do Código de 1991 às expropriações acima referidas, sem que, com isso, se possa falar em eficácia retroactiva daqueles preceitos, dado estarmos perante *situações de trato sucessivo*, que estão à mercê das leis sucessivas, que se presumem mais justas e progressivas (cfr. A. Rodrigues Queiró, Lições cit., p. 520).

De acordo com esta óptica, propendemos a considerar que poderá o expropriado requerer a reversão dos bens, mesmo no caso de a declaração de utilidade pública da expropriação e a adjudicação da propriedade dos bens terem ocorrido no domínio da vigência do Código de 1976, se aqueles não forem aplicados ao fim que determinou a expropriação no prazo de dois anos após a adjudicação, mas iniciando-se a contagem deste prazo apenas a partir da data da entrada em vigor do novo Código. A eliminação do tempo decorrido após a adjudicação da propriedade ainda durante a vigência do Código anterior justifica-se pela necessidade de evitar que a entidade expropriante seja *surpreendida* com o surgimento instantâneo, por efeito da aplicação imediata da lei nova, de um direito de reversão que era negado pela lei anterior. Com esta solução, goza a entidade expropriante de um período de dois anos após a entrada em vigor do novo Código para dar aos bens o destino que determinou a expropriação, perdendo todo o sentido a invocação de uma qualquer violação grave da sua *confiança* na não sujeição a reversão dos bens expropriados.

Ocorrendo o segundo *pressuposto* do direito de reversão referido no artigo 5.º, n.º 1, ou seja, se tiver cessado a aplicação dos bens expropriados ao fim que determinou a expropriação, aplica-se esta disposição do novo Código, ainda que se esteja perante expropriações do género das anteriormente mencionadas, se o facto originador daquele direito tiver surgido já no domínio do Código de 1991. Se a cessação da aplicação a esse fim se tiver verificado no âmbito da vigência do anterior Código e persistir durante o período de vigência do novo Código, a solução enfrenta maiores escolhos, mas parece de admitir também aí a reversão, desde que aquela situação se prolongue no âmbito do Código de 1991 durante *um período de tempo razoável*.

De qualquer modo, nas três hipóteses mencionadas, não poderá deixar de entender-se que o direito de reversão cessa, não só quando for dado aos bens expropriados outro destino, mediante nova declaração de utilidade pública, e quando houver renúncia expressa do expropriado [artigo 5.º, n.º 4, alíneas b) e c), do novo Código], mas também quando tiverem decorrido 20 anos sobre a data da adjudicação [artigo 5.º, n.º 4, alínea a)]. Mas o prazo de caducidade de dois anos a contar da ocorrência do facto que originou a reversão a que está sujeito o exercício desta, nos termos do artigo 5.º, n.º 6, do mesmo Código, só começará a decorrer quando o direito de reversão surgir na esfera jurídica do expropriado, nas condições aí referenciadas.

A tese da aplicabilidade, nos termos assinalados, da reversão às expropriações cujo acto de declaração da utilidade pública foi publicado no âmbito temporal de eficácia do Código anterior e àquelas em relação às quais foi adjudicada a propriedade dos bens expropriados também no domínio temporal daquele Código é a que se apresenta mais justa para o expropriado, sem afectar gravemente o interesse público, já que, de acordo com o disposto na alínea b) do n.º 4 do artigo 5.º do Código de 1991, o direito de reversão cessa se aos bens expropriados for dado outro destino, mediante nova declaração de utilidade pública – sendo, no entanto, duvidoso que esse destino possa ser idêntico ao referido no primeiro acto de declaração de utilidade pública (cfr., em sentido afirmativo, *L. Perestrelo de Oliveira, Código das Expropriações Anotado e Legislação Complementar*, Coimbra, Almedina, 1992, p. 43).

Ocorrendo, porém, uma situação destas, são acautelados os interesses do expropriado ou demais interessados, já que, segundo o n.º 5 do artigo 5.º do novo Código, podem estes optar pela fixação de nova indemnização ou requerer no processo anterior a revisão da indemnização com referência à data da efectivação da nova aplicação dos bens.

Assinale-se, por fim, que o Conselho Consultivo da Procuradoria-Geral da República já emitiu pareceres, nos quais concluiu que o direito de re-

forma de pagamento da indemnização pecuniária em prestações aos casos em que houver acordo entre o sujeito beneficiário da expropriação e os sujeitos interessados na indemnização (artigos 65.º, 66.º e 69.º) ([53]) ([54]).

---

versão sobre bens expropriados é regulado pela lei vigente à data do respectivo exercício [cfr. os Pareceres n.os 96/60, de 10 de Novembro de 1960, 80/76, de 27 de Outubro de 1976, e 102/77, de 7 de Dezembro de 1977, no BMJ n.º 102 (1961), p. 236 ss., n.º 268 (1977), p. 59 ss., e no DR, II Série, n.º 113, de 19 de Maio de 1978, respectivamente). Mas não é possível recolher nestes pareceres subsídios para a resolução do problema que nos aflige, uma vez que eles versaram situações em que o expropriado requereu a reversão quando estava em vigor legislação que a admitia e que a legislação posterior passou a proibir, enquanto agora estamos perante situações nas quais a lei antiga vedava a reversão e que passaram com a lei nova a ser abrangidas por este direito.

([53]) Sobre as soluções consagradas no anterior Código quanto ao pagamento em prestações das indemnizações pecuniárias devidas por expropriação por utilidade pública, cfr. a nossa obra *Formas de Pagamento da Indemnização na Expropriação por Utilidade Pública – Algumas Questões*, Separata do número especial do Boletim da Faculdade de Direito "Estudos em Homenagem ao Prof. Doutor António de Arruda Ferrer Correia", 1984, Coimbra, 1991, p. 27 ss., e o Acórdão do TC n.º 108/92 (publicado no DR, II Série, n.º 161, de 15 de Julho 1992), que julgou inconstitucional a norma do artigo 84.º, n.º 2, do Código das Expropriações de 1976 (norma que reconhecia às entidades expropriantes nela elencadas o direito de pagarem em prestações o quantitativo da indemnização fixada, sem necessidade do consentimento do expropriado), por violação dos artigos 62.º, n.º 2, e 13.º, n.º 1, da Lei Fundamental.

([54]) O Código das Expropriações de 1991 trouxe outra inovação de grande significado, traduzida na eliminação dos limites à liberdade cognitiva do juiz, no domínio da fixação do *quantum* da indemnização por expropriação, constantes do artigo 83.º, n.º 2, do Código das Expropriações, aprovado pelo Decreto-Lei 845/76, de 11 de Dezembro. Este preceito legal – cuja origem se encontra no artigo 41.º, n.º 2, do Regulamento das Expropriações, aprovado pelo Decreto n.º 43587, de 8 de Abril de 1961 – determinava que o juiz decidia segundo a sua convicção, formada sobre a livre apreciação das provas, mas a indemnização, variável entre o máximo e o mínimo indicados pelas partes, na petição de recurso e na resposta,

A simplificação do procedimento da expropriação corporizou-se essencialmente em duas reformas: a dispensa da intervenção do juiz para a adjudicação da propriedade, sempre que o expropriante e o expropriado cheguem a acordo quanto ao montante da indemnização e à forma do seu pagamento; e a abolição das antigas formas de *processo comum* e de *processo urgente* e a instituição de uma *única forma* de processo (artigos

não podia ser fixada em valor superior ao do laudo maior entre os três peritos designados pelo tribunal e o árbitro indicado pelo presidente do Tribunal da Relação, acrescido de metade, nem inferior ao do menor desses laudos, diminuído de igual fracção.

Já em 1982, criticámos esta limitação ao poder de decisão do juiz, uma vez que ela poderia constituir um obstáculo à fixação de uma indemnização "justa", isto é, uma indemnização correspondente ao "valor real e corrente" dos bens expropriados (cfr. *As Garantias do Particular na Expropriação por Utilidade Pública*, Coimbra, 1982, p. 155, 156).

Recentemente, o Tribunal Constitucional, no Acórdão n.º 316/92 (publicado no DR, II Série, n.º 41, de 18 de Fevereiro de 1993), julgou inconstitucional a norma constante do n.º 2 do artigo 83.º do Código das Expropriações de 1976, na parte em que impedia o juiz de fixar a indemnização em valor superior ao do laudo maior entre os três peritos designados pelo tribunal e o árbitro indicado pelo presidente do Tribunal da Relação acrescido de metade, por violação do conceito de "justa indemnização", consagrado no artigo 62.º, n.º 2, conjugado com o artigo 13.º, n.º 1, ambos da Constituição, com o fundamento de que ela podia impossibilitar, mercê da limitação dela constante, a reparação integral do dano infligido ao expropriado.

Neste aresto, o Tribunal Constitucional, depois de acentuar ser perfeitamente pensável "que o valor que se alcança pela adição de metade ao maior dos laudos dos três peritos designados pelo tribunal e do árbitro indicado pelo presidente da Relação seja inferior àquele que se deve considerar como 'justo', em virtude do desapossamento ocasionado pela expropriação", concluiu que, "se a legislação infraconstitucional, por via directa ou indirecta, vai consagrar uma solução que, de modo objectivo, traça limites externos à partida determinados por ela relativamente à assunção da integralidade dos prejuízos suportados pelo expropriado, então essa legislação é afastadora do conceito 'justa indemnização' constitucionalmente consagrado".

39.º, n.º 1, e 42.º e seguintes), no campo específico da tramitação da discussão litigiosa do valor da indemnização ([55]).

([55]) O Código das Expropriações de 1976 só admitia recurso até ao Tribunal da Relação das decisões do tribunal de comarca que fixavam o valor da indemnização, em recurso das decisões arbitrais (cfr. os artigos 46.º, n.º 1, 59.º, n.º 1, e 83, n.º 4, do anterior Código), bem como das decisões sobre o valor da reversão dos bens expropriados proferidas pelo juiz da comarca, em recurso da decisão dos árbitros (cfr. os artigos 111.º e seguintes, especialmente o artigo 116.º, n.º 3, do mesmo Código). Esta solução do Código de 1976 – herdada do Decreto-Lei n.º 71/76, de 27 de Janeiro, que rompeu com o regime até então vigente, constante da Lei n.º 2063, de 3 de Junho de 1953, nos termos do qual das decisões dos árbitros que fixassem indemnizações em caso de expropriações por utilidade pública cabia recurso para o juiz de direito da respectiva comarca, havendo da decisão deste recurso para os tribunais superiores, nos termos gerais de direito e de harmonia com as regras gerais das alçadas (cfr. os artigos 1.º, 2.º e 8.º), regime esse aplicável no domínio da vigência do Regulamento das Expropriações, constante do Decreto n.º 43 587, de 8 de Abril de 1961, por força do seu artigo 41.º, n.º 3 – encontrava a sua justificação na necessidade de impedir a criação, no âmbito daquelas matérias, de um regime excepcional de *quatro graus de jurisdição*, dado a decisão dos árbitros assumir uma natureza jurisdicional, funcionando os tribunais de comarca como segunda instância judicial.

Mas, em todas as outras questões suscitadas nos processos de expropriação, era entendimento predominante da jurisprudência dos nossos tribunais superiores que se aplicava a regra geral do processo civil sobre a admissão de recursos em função do valor da alçada, já que, fora das matérias acima referidas, não se poderia afirmar que a admissão de recurso para o Supremo Tribunal de Justiça representava um *quarto grau de jurisdição*. Foi neste contexto que surgiu o Assento do STJ n.º 7/79, de 24 de Julho (publicado no DR, I Série, n.º 254, de 3 de Novembro de 1979), nos termos do qual "é susceptível de recurso para o supremo Tribunal de Justiça, nos termos gerais, o acórdão da relação que, em processo de expropriação por utilidade pública, julgue sobre a forma de pagamento da indemnização fixada".

Entretanto, o artigo 37.º do Código das Expropriações de 1991 reproduz a primeira parte do artigo 46.º, n.º 1, do Código das Expropriações de 1976, estatuindo que "na falta de acordo sobre o valor global da indem

Finalmente, o novo Código não contém apenas a disciplina da expropriação por utilidade pública dos bens imóveis e direitos

nização, será este fixado por arbitragem, com recurso para os tribunais, de acordo com a regra geral das alçadas". Mas eliminou a segunda parte daquela disposição do Código anterior, que determinava não haver "recurso das decisões da Relação para o Supremo Tribunal de Justiça". A eliminação pelo artigo 37.º do novo Código da segunda parte do n.º 1 do artigo 46.º do Código anterior vem sendo entendida por alguma jurisprudência e por alguma doutrina como significando o regresso ao regime anterior ao Decreto-Lei n.º 71/76, isto é, ao regime da Lei n.º 2063, com o sentido que então lhe foi atribuído pela jurisprudência do Supremo Tribunal de Justiça, o qual consistia na admissibilidade de recurso dos acórdãos da Relação sobre o valor da indemnização para o Supremo Tribunal de Justiça, no caso de o consentir a regra das alçadas, ainda que, a atribuir-se natureza jurisdicional à decisão arbitral, tal representasse um *quarto grau* de jurisdição (cfr. os Acórdãos do Tribunal da Relação de Évora de 7 de Maio de 1992 e de 28 de Maio de 1992 e L. Perestrelo de Oliveira, *Código de Expropriações*, cit., p. 107, 108).

Do novo Código de 1991 também não faz parte uma norma idêntica à do n.º 3 do artigo 116.º do Código de 1976, que dispunha que a decisão do juiz a fixar o valor a restituir na reversão era "recorrível, nos termos gerais, somente para o Tribunal da Relação". A abolição deste preceito não significou, porém, que na discussão litigiosa do valor a pagar pelo expropriado ao expropriante, no caso de reversão, tenham passado a ser admitidos *quatro graus* de jurisdição. É que, contrariamente ao Código anterior, em que o quantitativo a satisfazer na reversão, na falta de acordo das partes, era fixado pelos árbitros (cfr. os artigos 108.º a 111.º do Código de 1976), no Código actual é ao juiz do tribunal de comarca que é cometida, em primeira instância, a fixação do montante a restituir pelo expropriado ao expropriante, na hipótese de reversão dos bens (cfr. o artigo 74.º do Código de 1991).

A ser correcta a solução extraída pela doutrina e jurisprudência citadas do artigo 37.º do novo Código das Expropriações de admissibilidade de *quatro graus* de jurisdição no domínio da discussão litigiosa do montante da indemnização por expropriação, sendo, por isso, possível recurso do acórdão do tribunal da Relação que fixar o montante da indemnização para o Supremo Tribunal de Justiça, nos casos em que o valor da causa seja superior à alçada das Relações (fixada actualmente em 2.000 000$00

a eles inerentes (artigo 1.º), abrange também o regime da requisição por utilidade pública dos mesmos tipos de bens e direitos, incluindo os estabelecimentos (artigos 76.º a 83.º) ([56]).

3.2. O actual regime jurídico dos loteamentos urbanos. Notas mais relevantes

O segundo instrumento jurídico de gestão urbanística objecto de recente reformulação por parte do Governo foi o loteamento urbano. O diploma reformador deste instituto foi o

---

pelo artigo 20.º, n.º 1, da Lei Orgânica dos Tribunais Judiciais) – solução essa que não se revela, de modo algum, inequívoca, já que o legislador silencia, nos prolegómenos justificativos do Decreto-Lei n.º 438/91, de 9 de Novembro, uma alteração tão significativa do Código anterior quanto aos graus de recurso em matéria de fixação do *quantum* indemnizatório e persiste, no novo Código, uma disposição como a do n.º 2 do artigo 64.º (de teor idêntico ao que constava do n.º 4 do artigo 83.º do Código de 1976), que determina que da sentença a fixar o montante das indemnizações a pagar pelo expropriante pode "ser interposto recurso com efeito meramente devolutivo para o tribunal da relação" [cfr. o Acórdão do TC n.º 370/93 (publicado no DR, II Série, nº 232, de 2 de Outubro de 1993)] –, é ela criticável, por excessiva, embora não se possa apodá-la de inconstitucional, uma vez que não se descortina no nossa Lei Fundamental nenhuma norma ou princípio constitucional que proíba a existência de um *quarto grau* de jurisdição, quando a primeira decisão proferida provenha de um tribunal arbitral [cfr., neste sentido, o Acórdão do TC n.º 187/93 (inédito)]. Também o STJ teve ocasião de decidir, no Acórdão de 19 de Dezembro de 1971, em face do artigo 116.º da Constituição de 1933, que os artigos 2.º e 8.º da Lei n.º 2063, ao permitirem a existência de um quarto grau de jurisdição nas expropriações por utilidade pública, não eram materialmente inconstitucionais, dado que aquele preceito constitucional "em parte alguma estabelece a impossibilidade de numa causa haver mais de três graus de jurisdição" [cfr. o BMJ, n.º 211 (1971), p. 227-232].

([56]) Para mais desenvolvimentos sobre o regime da requisição por utilidade pública de bens imóveis e direitos a eles inerentes, incluindo os estabelecimentos, constante do Código das Expropriações de 1991, cfr. a nossa obra *Código das Expropriações (Introdução)*, cit., p. 30-34.

Decreto-Lei n.º 448/91, de 29 de Novembro (alterado, por ratificação, pela Lei n.º 25/92, de 31 de Agosto), emitido pelo Governo ao abrigo da autorização legislativa concedida pela Lei n.º 7/91, de 15 de Março. Vamos limitar-nos, como facilmente se compreende, a apontar, nas linhas subsequentes, as notas marcantes, recorrentes ou típicas do novo regime jurídico dos loteamentos urbanos. São elas:

a) A definição de "operações de loteamento" ([57]) e de

([57]) A noção de "operações de loteamento", para efeitos do disposto no Decreto-Lei n.º 448/91, consta da alínea a) do artigo 3.º deste diploma legal. Nos termos deste preceito, "operações de loteamento" são "todas as acções que tenham por objecto ou por efeito a divisão em lotes, qualquer que seja a sua dimensão, de um ou vários prédios, desde que pelo menos um dos lotes se destine imediata ou subsequentemente a construção urbana".

Analisando a definição fornecida pela lei, verifica-se que são três os *elementos constitutivos* do conceito de loteamento: a divisão em lotes; a divisão de um ou vários prédios; e o destino imediato ou subsequente de pelo menos um dos lotes a construção urbana.

a) A divisão em lotes. Constitui este o *punctum saliens* da noção de loteamento, já que não se pode falar nesta figura jurídica sem divisão fundiária (cfr. F. Bouyssou/J. Hugot, *Lotissements et Divisions Foncières,* Paris, Litec, 1982, p. 39). A divisão deve ter origem num acto do proprietário ou proprietários do prédio ou prédios [estando, assim, excluídas as divisões decorrentes de um acto da Administração, como, por exemplo, a construção de uma estrada ou de um canal ou a expropriação de uma faixa intermédia de um terreno − cfr. M. do Patrocínio Paz Ferreira / L. Perestrelo de Oliveira, *O Novo Regime Jurídico dos Loteamentos Urbanos (Decreto-Lei n.º 400/84, de 31 de Dezembro, Anotado),* Coimbra, Almedina, 1985, p. 8, 9; e J. Osvaldo Gomes, *Manual dos Loteamentos Urbanos,* 2ª ed., Coimbra, Coimbra Editora, 1983, p. 78 −, ou de um acontecimento natural] e tanto pode resultar de actos materiais, como de actos jurídicos. Estes podem assumir qualquer modalidade jurídica (v.g. venda, locação, doação, partilha de sociedade, partilha de herança, doações *mortis causa,* partilha de bens do casal em caso de morte de um dos cônjuges, de divórcio ou de separação judicial de pessoas e bens), revestir carácter oneroso ou gratuito (cfr. Henri Jacquot, *Droit de l'Urbanisme,* cit., p. 418; J. Morand-Deviller,

Lotissements, in *Urbanisme*, cit., p. 437) e tanto podem ter como finalidade directa a divisão em lotes de um ou vários prédios, como terem um fim imediato diferente deste, mas produzirem um efeito de divisão em lotes. Nota essencial para que possa falar-se em divisão é a de que aqueles actos jurídicos confiram sobre cada uma das parcelas ou lotes constituídos direitos de propriedade ou direitos reais de gozo privativos.

A lei não impõe um número mínimo de lotes (bastam dois), nem exige uma determinada área para cada um deles. O nosso direito afasta-se, deste modo, da solução consagrada no artigo R. 315-1 do *Code de l'Urbanisme* francês, que estabelece um número mínimo de parcelas ou terrenos saídos da divisão "de uma propriedade fundiária" para poder falar-se de um loteamento: em regra, mais de dois e, tratando-se de divisão resultante "de partilhas sucessórias ou de actos equivalentes", mais de quatro (cfr. Henri Jacquot, *Droit de l'Urbanisme*, cit., p. 420-422; J. Morand – Deviller, *Lotissements*, cit., p. 439-441; F. Bouyssou / J. Hugot, *Lotissements et Divisions Foncières*, cit., p. 48-54; P. Merlin / F. Choay, *Dictionnaire de l'Urbanisme et de l'Aménagement*, Paris, PUF, 1988, p. 384; J.Cathelineau / J.-L. Viguier, *Technique du Droit de l'Urbanisme*, 3ª ed., Paris, Litec, 1987, p. 463-467; René Cristini, *Droit de l'Urbanisme*,Paris, Economica,1985, p.314-317; J. B. Auby / H. Périnet-Marquet, *Droit de l'Urbanisme et de la Construction*, 2ª ed., Paris, Montchrestien, 1989, p. 259-262; G. Liet-Veaux / A. Thuillier, ob.cit., p. 124; e D. Chabanol/J.- D. Combrexelle, *Droit Pratique de l'Urbanisme*, Paris, Economica, 1988, p. 266-268).

b) A divisão de um ou vários prédios. O sentido desta expressão é duplo. Ela abrange, desde logo, um ou vários prédios contínuos, pertencentes ao mesmo proprietário ou à mesma indivisão, bordejados por vias públicas (ou cursos de água de natureza dominial, lagos, caminhos de ferro, etc.) ou por parcelas pertencentes a terceiros, e que constituam, por esse facto, uma unidade autónoma, independentemente da circunstância desses prédios contíguos serem objecto de descrições prediais e inscrições matriciais distintas e de estarem afectos a fins diversos (cfr. J. Morand – Deviller, *Lotissements*, cit., p. 435; F. Bouyssou/J.Hugot, *Lotissements et Divisions Foncières*, cit., p. 42,43; H. Jacquot, *Droit de l'Urbanisme*, cit., p. 417; e J. Osvaldo Gomes, ob. cit., p. 76,77). Daqui resulta que, se um proprietário possuir vários terrenos separados por vias públicas ou por parcelas pertencentes a terceiros, a venda de um deles não constitui, por via de regra, uma divisão para efeitos da legislação sobre loteamentos e, se ele desejar loteá-los, deverá apresentar um requerimento distinto para cada um deles.

Mas parece abarcar igualmente a divisão de vários prédios pertencentes a diversos proprietários, que constituam uma homogeneidade física, podendo mesmo a câmara municipal exigir que uma pluralidade de prédios pertencentes a diferentes titulares seja submetida a uma única operação de loteamento, desde que um plano de urbanização ou um plano de pormenor considere a área abrangida por esse conjunto de prédios como uma *unidade* em termos urbanísticos, independentemente da situação jurídico-privada dos diferentes prédios (cfr., neste sentido, J. Osvaldo Gomes, ob. cit., p. 77). Numa situação destas, devem os proprietários apresentar um requerimento conjunto de licenciamento da operação de loteamento ou cederem os seus direitos a um único requerente.

(c) O destino imediato ou subsequente de pelo menos um dos lotes a construção urbana. É o *elemento finalístico* do conceito de operação de loteamento. As divisões fundiárias realizadas para um *fim* diferente da construção urbana (v.g. para efeitos de uma exploração agrícola, para a criação de jardins familiares, para a implantação de tendas de campismo ou de caravanas), bem como as que têm lugar em momento posterior à construção de edifícios por um único dono de obra escapam ao licenciamento de loteamento.

Estar-se-á perante uma operação de loteamento, desde que pelo menos um dos lotes resultantes de divisão tenha como *fim* a construção urbana, independentemente da afectação do edifício: uso habitacional, industrial, comercial, para escritórios, etc.. O destino de pelo menos um dos lotes para construção urbana pode ser *imediato* ou *subsequente*. Significa isto que não é necessário que a intenção de construir se manifeste no momento da divisão. Ela pode verificar-se posteriormente (embora a lei não refira qualquer prazo dentro do qual a construção urbana deva ser concretizada). Assim, se, em data posterior à divisão em dois ou mais lotes de um terreno, alguém manifestar a pretensão de construir em pelo menos um dos lotes, deve ser-lhe recusada a licença de construção, enquanto não tiver sido deferido pela câmara municipal um pedido de licenciamento de uma operação de loteamento.

A alínea *a)* do artigo 3.º do Decreto-Lei n.º 448/91 contempla, pois, não apenas as hipóteses de "loteamento-acção", em que a intenção de im-

"obras de urbanização" ([58]), bem como a indicação da regra geral da sua sujeição a licenciamento municipal ([59]).

plantação de uma construção em pelo menos um dos lotes surge no momento da divisão, mas também as de "loteamento-resultado", nas quais a intenção de construir se manifesta em data subsequente à divisão (cfr. F. Bouyssou / J. Hugot, *Lotissements et Divisions Foncières*,cit., p. 44-48, e *Code de l'Urbanisme, Commenté et Annoté*, cit.,p. 668-674; H. Jacquot, *Droit de l'Urbanisme*, cit., p. 419, 420; J. Morand – Deviller, *Lotissements*, cit., p. 435, 436; e J. Osvaldo Gomes, ob. cit., p. 92-97).

Importa, por fim, realçar que não integram o conceito de "operação de loteamento", definido nos termos acabados de expor, os simples actos de *destaque* de uma única parcela de prédio inscrito ou participado na matriz, para efeitos de construção, nas condições previstas no artigo 5.º do Decreto-Lei n.º 448/91, estando, por isso, dispensados do regime de licenciamento previsto neste diploma legal [cfr., sobre este assunto, J. Miguel Sardinha, *O Novo Regime Jurídico das Operações de Loteamento e de Obras de Urbanização (Dec.-Lei n.º 448/91, de 29 de Novembro), Comentado e Anotado*, Coimbra, Coimbra Editora, 1992, p. 26].

([58]) A alínea b) do artigo 3.º do Decreto-Lei n.º 448/91 considera como "obras de urbanização" "todas as obras de criação e remodelação de infra-estruturas que integram a operação de loteamento e as destinadas a servir os conjuntos e aldeamentos turísticos e as ocupações industriais, nomeadamente arruamentos viários e pedonais e redes de abastecimento de água, de esgotos, de electricidade, de gás e de telecomunicações, e ainda de espaços verdes e outros espaços de utilização colectiva".

([59]) O condicionamento da realização de operações de loteamento e de obras de urbanização e a sua sujeição a licenciamento municipal pressupõem a superação do princípio da liberdade de divisão fundiária, enquanto faculdade inerente ao direito de propriedade do solo. A necessidade de assegurar que os loteamentos urbanos se localizassem nas áreas mais adequadas, sob o ponto de vista do ordenamento do território, bem como a exigência de que as parcelas colocadas pelo loteador à disposição do adquirente de lotes para construção estivessem dotadas das infra-estruturas urbanísticas necessárias foram as causas do aparecimento, nos vários países europeus, de uma disciplina jurídica integral dos loteamentos urbanos e do estabelecimento de fortes restrições a este tipo de actividade urbanística dos particulares. [Repare-se que existem, de igual modo, apertados condicionamentos ao fraccionamento de prédios rústicos, isto é, de terrenos

b) A eliminação das três formas de processo de loteamento (especial, ordinário e simples), instituídas pelo Decreto-Lei n.º

---

aptos para cultura – cfr. os artigos 1376.º e seguintes do Código Civil, os Decretos-Leis n.ᵒˢ 384/88, de 25 de Outubro, e 103/90, de 22 de Março, e o artigo 52.º do Decreto-Lei n.º 448/91].

Actualmente, é possível afirmar, tal como o fez o *Conseil d'État* francês, *no Arrêt* de 25 de Março de 1966 *(Epoux Richet)*, que *"le droit de propriété ne comporte pas le droit de procéder librement à un lotissement"* (cfr. J.- P. Gilli / H. Charles / J. de Lanversin, *Les Grands Arrêts du Droit de l'Urbanisme*, cit., p. 346, 347).

No nosso país, o primeiro diploma legal contendo o regime geral dos loteamentos urbanos foi o Decreto-Lei n.º 46 673, de 29 de Novembro de 1965. Seguiu-se-lhe o Decreto-Lei n.º 289/73, de 6 de Junho, depois o Decreto-Lei n.º 400/84, de 31 de Dezembro, e, por fim, o actual Decreto-Lei n.º 448/91, de 29 de Novembro. A regulamentação jurídica das operações de loteamento urbano e das obras de urbanização é justificada, no exórdio do Decreto-Lei n.º 448/91, nos seguintes termos:

"As operações de loteamento urbano e as obras de urbanização constituem, seguramente, uma das formas mais relevantes de ocupação do solo, quer pelas incidências que possuem ao nível do ordenamento do território, do ambiente e dos recursos naturais, quer pelas repercussões que delas resultam para a qualidade de vida dos cidadãos. Na verdade, tais operações estão na origem da criação de novos espaços destinados à habitação ou ao exercício das mais diversas actividades humanas, pelo que imperioso se torna que sejam projectadas e realizadas por forma a proporcionar aos futuros utentes o necessário conforto e bem-estar. Por isso, as iniciativas dos particulares visando a urbanização do solo devem ser enquadradas num processo administrativo que assegure a defesa do interesse público e o respeito pela legislação em vigor, designadamente em matéria de urbanismo e de protecção do ambiente".

A regra geral da sujeição a licenciamento municipal, nos termos do Decreto-Lei n.º 448/91, é enunciada no n.º 1 do artigo 1.º deste diploma legal. Mas os n.ᵒˢ 2 e 3 do mesmo preceito referem algumas excepções àquela regra. Assim, não estão sujeitas a licenciamento municipal:

a) As operações de loteamento e as obras de urbanização promovidas pelas autarquias locais (artigo 1.º, n.º 2, primeira parte). Umas e outras estão, porém, sujeitas a aprovação do órgão executivo da respectiva autarquia local, quando a área objecto da intervenção esteja abrangida por

400/84, de 31 de Dezembro, e a sua substituição por uma tramitação única para todas as operações de loteamento, pondo-

plano municipal de ordenamento do território, ou a aprovação do órgão deliberativo da respectiva autarquia, sob proposta do órgão executivo, no caso de inexistir aquele plano (artigo 64.°, n.°1). Quando as operações de loteamento ou as obras de urbanização forem promovidas por junta de freguesia, é obrigatória a obtenção de parecer favorável da respectiva câmara municipal (artigo 64.°, n.° 2). As aprovações da competência daqueles órgãos das autarquias locais não dispensam os pareceres, aprovações e autorizações que forem legalmente exigidos (artigo 64.°, n.° 5) e, no caso de ausência de plano municipal de ordenamento do território, estão sujeitas a parecer da respectiva comissão de coordenação regional (artigo 64.°, n.° 6).

À face do novo diploma condensador do regime jurídico dos loteamentos urbanos, não é mais possível afirmar, tal como o fez o Acórdão do STA (1ª Secção), de 22 de Fevereiro de 1990, relativamente ao Decreto-Lei n.° 289/73, de 6 de Junho, que "a divisão em lotes de um prédio rústico, pela Câmara Municipal, com construção por esta das necessárias infra--estruturas urbanísticas e posterior adjudicação dos mesmos a particulares, para construção industrial, não constitui, no seu aspecto subjectivo, um loteamento urbano", uma vez que este consiste num procedimento administrativo, com trâmites rigorosamente fixados na lei, "de índole privada, culminando na autorização respectiva, titulada por alvará" [cfr. *Acórdãos Doutrinais do Supremo Tribunal Administrativo*, Ano XXXI, n.° 366 (1992), p. 699 ss.).

À luz do Decreto-Lei n.° 448/91, toda e qualquer acção de uma câmara municipal que tenha por objecto ou por efeito a divisão em lotes, qualquer que seja a sua dimensão, de um ou vários prédios, desde que pelo menos um dos lotes se destine imediata ou subsequentemente a construção urbana, nos termos do seu artigo 3.°, alínea a), integra o conceito de loteamento urbano. Este está, no entanto, sujeito, como se referiu, a um regime jurídico particular de aprovação.

b) As operações de loteamento e as obras de urbanização promovidas pela administração directa do Estado – isto é, por serviços integrados na pessoa colectiva Estado, sob a direcção do Governo, na dependência hierárquica deste e desprovidos de autonomia (cfr. D. Freitas do Amaral, *Curso de Direito Administrativo*, Vol. I, Coimbra, Almedina, 1986, p. 205, 303,304) – ou pela administração indirecta do Estado quanto esta prossiga fins de interesse público na área da habitação (artigo 1.°, n.° 2, segunda

-se, assim, termo à controvérsia e à incerteza, surgidas no domínio da legislação anterior à volta da classificação dos processos de loteamento.

parte),ou seja, por institutos públicos, dotados de personalidade jurídica, autonomia administrativa e financeira e património próprio, tais como o Instituto Nacional de Habitação (INH), criado pelo Decreto-Lei n.º 177/84, de 25 de Maio, e cuja lei orgânica consta do Decreto-Lei n.º 202-B/86, de 22 de Julho, e o Instituto de Gestão e Alienação do Património Habitacional do Estado (IGAPHE), criado pelo Decreto-Lei n.º 88/87, de 26 de Fevereiro (alterado pelo Decreto-Lei n.º 198/87, de 30 de Abril), cujas atribuições se reconduzem genericamente à administração e à promoção habitacional. A aprovação daquelas é, no entanto, da competência do ministro da tutela e do Ministro do Planeamento e da Administração do Território, com a faculdade de delegação nos membros do Governo que os coadjuvam, ouvida a respectiva câmara municipal (artigo 65.º, n.º 1).

(c) As obras de urbanização promovidas pela administração indirecta do Estado ou pelas entidades concessionárias de serviço público, ou equiparadas, quando tais obras se destinem à prossecução de fins de interesse público (artigo 1.º, n.º 3). A aprovação dos projectos de obras de urbanização aqui referidas – trata-se, neste caso, de obras de urbanização desligadas de qualquer operação de loteamento (cfr. J. Miguel Sardinha, ob. cit., p. 15) – é, nos termos do artigo 65.º, n.º 2, precedida de audição da respectiva câmara municipal, que dispõe do prazo de 30 dias para se pronunciar. Não especificando este dispositivo legal qual ou quais os membros do Governo a quem compete a aprovação daqueles projectos, há-de entender-se que essa competência cabe ao ministro ou ministros que, nos termos da Lei Orgânica do Governo, sejam responsáveis pela área ou áreas de governação em que se insiram os referidos projectos de obras.

A não sujeição das operações de loteamento e das obras de urbanização promovidas pela administração directa do Estado ou pela administração indirecta do Estado, quando esta prosseguir fins de interesse público na área da habitação, e, bem assim, das obras de urbanização promovidas pela administração indirecta do Estado ou pelas entidades concessionárias de serviço público, ou equiparadas, quando tais obras se destinarem à prossecução de fins de interesse público, a licenciamento municipal e a sua subordinação apenas a parecer não vinculativo da câmara municipal constitui, seguramente, o ponto mais controverso do novo diploma legal que contém o regime jurídico dos loteamentos urbanos e das obras de urbanização.

(c) A articulação do procedimento de licenciamento de operações de loteamento e de obras de urbanização com o planeamento urbanístico. Para esse efeito, o Decreto-Lei n.º 448/

Ele constituiu, mesmo, o centro do debate travado na Assembleia da República, a propósito da ratificação parlamentar do Decreto-Lei n.º 448/91, da qual veio a germinar a Lei n.º 25/92, de 31 de Agosto, a qual deixou, porém, incólumes as soluções constantes daquele diploma governamental em matéria de excepções à regra geral da sujeição a licenciamento municipal das operações de loteamento e das obras de urbanização.

As críticas apontadas às excepções à regra geral constante do n.º 1 do artigo 1.º do Decreto-Lei n.º 448/91 consistiram fundamentalmente na violação do princípio da autonomia dos municípios em matéria de urbanismo e no perigo de, em consequência delas, o Estado poder vir a aprovar e a realizar operações de loteamento e obras de urbanização, em violação das disposições dos planos municipais ou totalmente inconvenientes para o correcto ordenamento do território (cfr. *Diário da Assembleia da República*, I Série, n.º 54, de 27 de Abril de 1992, p. 1713-1715).

Em defesa das soluções condensadas nos n.ºs 2 e 3 do artigo 1.º e no artigo 65.º do Decreto-Lei n.º 448/91, recorreu-se à ideia de *hierarquia de interesses*, dizendo-se que o interesse público de índole nacional subjacente à realização de operações de loteamento e de obras de urbanização da iniciativa do Estado devia prevalecer sobre o interesse público de carácter local prosseguido pelos municípios. Lançou-se, além disso, mão da necessidade de superar eventuais conflitos de interesses entre o Estado e os municípios e de impedir eventuais obstruções por parte de câmaras municipais em relação a obras consideradas indispensáveis pelo Estado. Finalmente, afirmou-se que a dispensa de licenciamento municipal das operações de loteamento e das obras de urbanização promovidas pelas entidades referidas nos n.ºs 2 e 3 do artigo 1.º do Decreto-Lei n.º 448/91 não significa, de modo algum, uma legitimação da inobservância por parte delas das disposições legais e regulamentares vigentes e dos princípios de disciplina urbanística e de ordenamento do território, bem como das normas dos PROT e dos planos municipais de ordenamento do território, as quais vinculam todas as entidades públicas, antes deve ser entendida apenas como uma simplificação do processo de aprovação daquelas modalidades de ocupação do solo (cfr. *Diário da Assembleia da República*, cit.. p. 1709-1711, 1715-1717).

/91 distingue entre a situação em que a área a lotear está abrangida por plano municipal de ordenamento do território – considerando-a como a regra geral – e aquela em que o mesmo

Constitui para nós um dado seguro que não é lícito a um membro do Governo aprovar uma operação de loteamento ou um projecto de obras de urbanização que viole normas legais ou regulamentares ou disposições de planos de ordenamento do território. Não poderá, pois, o Estado ou qualquer outra entidade referida nos n.ºs 2 e 3 do artigo 1.º do Decreto-Lei n.º 448/91 realizar uma operação de loteamento ou uma obra de urbanização que contrarie disposições de um PROT ou de um plano municipal plenamente eficaz, sem que previamente seja revisto o primeiro ou sem que o segundo seja suspenso, mediante decreto-lei, nos termos do artigo 21.º, n.º 1, alínea a), e n.º 2, do Decreto-Lei n.º 69/90, de 2 de Março (na redacção do Decreto-Lei n.º 211/92, de 8 de Outubro).

É, por outro lado, perfeitamente compreensível e até justificável que o legislador crie mecanismos específicos de aprovação dos projectos de loteamento e de obras de urbanização promovidos pela administração directa e indirecta do Estado, que atendam à suas características próprias, e, bem assim, instrumentos que possibilitem a ultrapassagem de eventuais posições antagónicas do Estado e dos municípios surgidas a propósito daquelas acções de ocupação do solo.

Parece-nos, contudo, que a consecução destes objectivos não exige a solução de dispensa de licenciamento municipal daquelas operações de loteamento e obras de urbanização e da sujeição da sua aprovação apenas a parecer não vinculativo da câmara municipal. O legislador tinha, seguramente, à sua disposição outras medidas possibilitadoras de uma participação mais intensa dos municípios no procedimento de aprovação daquelas acções, sem deixar de atender às especialidades colocadas pelas operações de loteamento e obras de urbanização promovidas pela administração directa e indirecta do Estado – medidas essas que poderiam passar, por exemplo, pela criação de um *órgão* ou uma *comissão de concertação* dos interesses estaduais e municipais coenvolvidos nas operações de loteamento e obras de urbanização promovidas pela administração directa e indirecta do Estado, com composição repartida entre a administração central e a administração municipal. Estamos, pois, perante uma solução que se nos afigura *não muito feliz* e, por isso, merecedora de crítica. Não vamos, porém, ao ponto de reputarmos de inconstitucionais as normas dos artigos 1.º, n.ºs 2 e 3, e 65.º do Decreto-Lei n.º 448/91, na parte em que isentam de licenciamento municipal as operações de loteamento e as obras de urbanização promovidas pela administração directa do Estado ou pela administração indirecta do Estado quando esta prossiga fins de interesse público na área da habitação e, bem assim, as obras de urbanização promovidas pela administração indirecta do Estado ou pelas entidades concessionárias de serviço público, ou equiparadas, quando tais obras se destinarem à prossecução de fins de interesse público, e determinam que a sua aprovação seja da competência dos membros do Governo nelas referidas, ouvida a respectiva câmara municipal, fundamentalmente por três ordens de razões. Em primeiro lugar, a solução consagrada naquelas normas tem um campo *excepcional* de aplicação, ficando, apesar dela, sujeita à regra geral do licenciamento municipal a totalidade das operações de loteamento e das obras de urbanização promovidas pelos particulares e uma boa parte das realizadas por sujeitos públicos. Em segundo lugar, como já tivemos ensejo de referir, a matéria da ocupação, uso e transformação do solo, pela via da realização de operações de loteamento urbano e de obras de urbanização, convoca interesses *gerais, estaduais ou nacionais* – ao que acresce, no caso particular das operações de loteamento e das obras de urbanização referidas nas disposições legais mencionadas, a presença de um *interesse público de índole nacional* subjacente aos fins das operações de loteamento e das obras de urbanização –, ao lado de interesses *locais* – e só se aquela constituísse um interesse próprio (exclusivo) dos municípios é que seria legítimo extrair da Constituição um princípio de competência exclusiva dos órgãos municipais para aprovar, sem qualquer excepção, *todos* os projectos de operações de loteamento e de obras de urbanização e para conceder o seu licenciamento. Em terceiro lugar, o grau de intervenção consentido pelas normas legais acima indicadas ao órgão executivo do município no procedimento de aprovação das operações de loteamento e das obras de urbanização nelas indicadas – e que visa tutelar os interesses *locais* que vão, apesar de tudo, coenvolvidos nas operações de loteamento e nas obras de urbanização referidas na segunda parte do n.º 2 e no n.º 3 do artigo 1.º do Decreto-Lei n.º 448/91 –, não obstante as críticas que lhe apontámos, ainda respeita o *conteúdo mínimo* das garantias constitucionais da autonomia das autarquias locais e da descentralização administrativa, consagradas nos artigos 6.º, n.º 1, 237.º e 239.º da Lei Fundamental [em sentido contrário, propugnando pela inconstitucionalidade do artigo 65.º do Decreto-Lei n.º 448/91, cfr. D. Freitas do Amaral, *Direito do Urbanismo (Sumários)*, cit., p.61].

Refira-se, ainda, que a tese que vem de ser exposta da compatibilidade das normas dos artigos 1.º, n.ºs 2 (segunda parte) e 3, e 65.º do Decreto-Lei n.º 448/91 com os princípios constitucionais da autonomia local e da descentralização administrativa foi sufragada, ainda que implicitamente, pelo Tribunal Constitucional, no seu Acórdão n.º 432/93 (publicado no DR, II Série, n.º 193, de 18 de Agosto de 1993) – aresto no qual foi apreciada, em processo de fiscalização preventiva, entre outras, a questão da constitucionalidade da norma do artigo 2.º, n.º 1, do Decreto do Conselho de Ministros n.º 264/93, aprovado no uso da autorização legislativa concedida pela Lei n.º 17/93, de 3 de Junho (e de que viria a resultar o Decreto-Lei n.º 272/93, de 4 de Agosto), norma essa que equipara os loteamentos urbanos, as obras de urbanização e de construção civil em terrenos do IGAPHE e os procedimentos administrativos no âmbito do Programa de Construção de Habitações Económicas, aprovado pelo Decreto-Lei n.º 164/93, de 7 de Maio, aos que são promovidos pela administração indirecta do Estado, quando esta prossiga fins de interesse público na área da habitação, nos termos dos Decretos-Leis n.ºs 445/91, de 20 de Novembro, e 448/91, de 29 de Novembro, e respectiva regulamentação, isentando, por isso, aquelas modalidades de ocupação do solo, ainda que efectivadas por particulares, de licenciamento municipal.

No acórdão acima mencionado, o Tribunal Constitucional, depois de salientar que as matérias do ordenamento do território, urbanismo e promoção habitacional respeitam quer ao interesse geral da comunidade constituída em Estado, quer aos interesses das autarquias locais, constituindo, por isso, um domínio aberto à intervenção concorrente – e também concertada – entre o Estado e as autarquias locais, concluiu que a referida norma não viola o espaço incomprimível da autonomia das autarquias locais – o qual é preenchido pelos assuntos próprios do círculo local, sendo estes "apenas aquelas tarefas que têm a sua raiz na comunidade local ou que têm uma relação específica com a comunidade local e que por esta comunidade podem ser tratadas de modo autónomo e com responsabilidade própria". A conclusão de não violação por parte da norma do artigo 2.º, n.º 1, do agora Decreto-Lei n.º 272/93, de 4 de Agosto, alicerçou-a o Tribunal Constitucional, de um lado, no reconhecimento de que aquele preceito possibilita a "conservação" pelos municípios de poderes de controlo urbanístico, constantes, uns, na emissão de parecer pelas câmaras municipais em relação aos projectos de operações de loteamento, de obras de urbanização e de obras de construção

não se verifica, atribuindo, no primeiro caso, maior autonomia aos municípios no processo de licenciamento ([60]).

---

dispensados de licenciamento (cfr. o Decreto-Lei n.º 445/91, artigo 3.º, n.º 3, e o Decreto-Lei n.º 448/91, artigo 65.º), e, outros, no poder de ordenar o embargo e demolição de obras e a reposição de terrenos, quando haja violação das normas legais e regulamentares em vigor (cfr. o Decreto-Lei n.º 445/91, artigos 57.º e 58.º, e o Decreto-Lei n.º 448/91, artigos 61.º e 62.º) e, do outro lado, na constatação de que a solução legislativa consagrada na norma *sub judicio* não afasta o dever de observância por parte das entidades que aprovam os projectos de operações de loteamento e de obras de urbanização e de construção civil das regras e princípios dos planos municipais de ordenamento do território.

Importa salientar, por último, que o artigo 3.º, n.ºs 1 e 2, do Decreto-Lei n.º 354/93, de 9 de Outubro, consagra a dispensa de licenciamento municipal dos projectos de loteamento e de obras de urbanização necessários à realização da EXPO 98, promovidos pela sociedade Parque EXPO 98, S.A., e que constem dos planos de pormenor elaborados por aquela sociedade e aprovados pelo Ministro das Obras Públicas, Transportes e Comunicações.

([60]) Mesmo no caso de a área a lotear estar abrangida por plano municipal de ordenamento do território, está a câmara municipal obrigada a consultar as entidades que, por força de servidão administrativa ou restrição de utilidade pública, se devam pronunciar sobre a operação de loteamento (artigo 12.º), sob pena de *nulidade* da deliberação da câmara municipal [artigo 56.º, n.º 1, alínea *a*)].

Mas, na hipótese de inexistência de plano municipal de ordenamento do território, o licenciamento das operações de loteamento, para além de dever ser precedido da consulta a todas as entidades que legalmente se devam pronunciar sobre elas (artigo 42.º), está sujeito a parecer vinculativo da comissão de coordenação regional competente, excepto se a operação de loteamento se localizar em área urbana (artigo 40.º, n.º 2) – a qual é delimitada em protocolo a celebrar entre a câmara municipal e a respectiva comissão de coordenação regional, sujeito a homologação do Ministro do Planeamento e da Administração do Território e a posterior publicação na II Série do Diário da República (artigo 41.º, n.ºs 1 e 2). O parecer deste organismo desconcentrado do Ministério do Planeamento e da Administração do Território (cfr. o Decreto-Lei n.º 260/89, de 17 de Agosto) destina-se a assegurar um correcto ordenamento do território e a verificar da articulação com planos e projectos de interesse regional, intermunicipal ou supramunicipal e do cumprimento das disposições legais e regulamentares

(d) A limitação da realização das operações de loteamento às áreas que forem classificadas nos planos municipais de orde-

vigentes (artigo 43.º, n.º 1), estando o mesmo sujeito a homologação do Ministro do Planeamento e da Administração do Território, quando a operação de loteamento implicar uma área superior a 10 ha ou construção superior a 500 fogos (artigo 43.º, n.º 2).

Poderia ser-se tentado a afirmar que a norma do n.º 2 do artigo 40.º do Decreto-Lei n.º 448/91, na parte em que subordina a deliberação da câmara municipal sobre o pedido de licenciamento das operações de loteamento a *parecer vinculativo* da comissão de coordenação regional, sempre que aquelas se situem em área não abrangida por plano municipal de ordenamento do território e não se localizem em área urbana, delimitada nos termos do artigo 41.º do mesmo diploma legal – sendo *nula* a deliberação da câmara municipal que não se conforme com o aludido parecer vinculativo [artigo 56.º, n.º 1, alínea *a*)] –, entra em rota de colisão com o disposto no artigo 243.º, n.º 1, da Constituição – o qual limita a tutela administrativa sobre as autarquias locais a uma simples tutela de legalidade –, com o fundamento de que o carácter vinculativo dos pareceres os transforma em verdadeiras instruções às câmaras municipais, e contraria os princípios da autonomia das autarquias locais e da descentralização administrativa, plasmados nos artigos 6.º, n.º 1, 237.º e 239.º da Lei Fundamental (cfr., neste sentido, J. Osvaldo Gomes, *Loteamentos Urbanos*, in Direito do Urbanismo, coord. D. Freitas do Amaral, Lisboa, INA, 1989, p. 401,402).

Parece-nos, no entanto, que um tal entendimento não é o mais adequado. Com efeito, aquele parecer vinculativo foi previsto pelo legislador num contexto específico, que é o da inexistência de um qualquer plano urbanístico municipal, visando o mesmo tutelar interesses *gerais, estaduais ou nacionais*, ligados a um correcto ordenamento do território, que a Constituição comete também ao Estado [cfr. os artigos 9.º, alínea *e*), e 66.º, n.º 2, alínea *b*), da Lei Fundamental]. Daí que a norma do n.º 2 do artigo 40.º do Decreto-Lei n.º 448/91 não configure um caso de *tutela administrativa*, nem viole os princípios constitucionais da autonomia das autarquias locais e da descentralização administrativa, precisamente porque a problemática da ocupação do solo relacionada com a realização de operações de loteamento urbano não constitui um *interesse próprio da população do município*, isto é, para utilizarmos as palavras do Parecer n.º 3/82 da Comissão Constitucional, um assunto que esgote os seus efeitos no círculo local respectivo ou uma tarefa que se relacione específica e directa-

namento do território como urbanas, urbanizáveis ou industriais (artigo 8.º, na redacção introduzida pela Lei n.º 25/92, de 31 de Agosto).

(e) A fixação de um núcleo de condutas a cargo do requerente e do beneficiário do licenciamento de operações de loteamento e de obras de urbanização, revestindo umas a natureza de d*everes jurídicos* e outras de *ónus jurídicos*. Incluem-se entre as principais as seguintes: a publicitação do pedido do licenciamento de operações de loteamento, mediante a afixação, no prédio objecto da pretensão, de um aviso contendo a natureza da ope-

---

mente com uma certa comunidade local e que por esta possa ser executada em auto-responsabilidade e autonomia (cfr. *Pareceres da Comissão Constitucional*, vol. 18.º, Lisboa, Imprensa Nacional, 1984, p. 151). Nos loteamentos urbanos, estão presentes, antes, interesses nacionais e locais, em termos de no domínio deles se assistir, como acentuou o Parecer do Conselho Consultivo da Procuradoria-Geral da República n.º 66/89, de 23 de Novembro (publicado no DR, II Série, n.º 69, de 23 de Março de 1990), a uma "concorrência – ou colisão – de atribuições e competências (da administração central e da administração local), a que corresponde um conflito de interesses (gerais e locais) e, por outro lado, um conflito de deveres (obrigações) por parte do Estado e das autarquias locais".

Em caso de conflito entre o interesse geral e o local, pode o legislador, como vincou o citado Parecer n.º 3/82 da Comissão Constitucional, definir os limites que a este interesse devam ser postos em homenagem àquele, "desde que, naturalmente, a limitação não seja uma tal que destrua o conteúdo essencial da garantia da administração autónoma" [no mesmo sentido, cfr. M. Rebelo de Sousa, *Distribuição pelos Municípios da Energia Eléctrica de Baixa Tensão*, in Colectânea de Jurisprudência, Tomo V (1988), p. 30, e J. Carlos Vieira de Andrade, *Distribuição pelos Municípios da Energia Eléctrica em Baixa Tensão*, in Colectânea de Jurisprudência, Tomo I (1989), p. 20]. Ora, a comissão de coordenação regional, ao emitir o parecer vinculativo nos termos dos artigos 40.º, n.º 2, e 43.º do Decreto-Lei n.º 448/91, está a salvaguardar os interesses (gerais), colocados a cargo do Estado pelos artigos 9.º, alínea *e*), e 66.º, n.º 2, alínea *b*), da Constituição, sem, no entanto, ofender o essencial dos interesses locais ou dos interesses próprios das populações respectivas, que constituem incumbência das autarquias locais.

ração de loteamento, o número de processo camarário, bem como a menção expressa de que o loteamento não se encontra aprovado (artigo 10.º) ([61]), a publicitação da concessão do alvará de loteamento, também por meio de afixação no prédio objecto

---

([61]) A publicitação do pedido de licenciamento da operação de loteamento, nos termos dos n.ºs 1 a 3 do artigo 10.º, tem como finalidade possibilitar a qualquer interessado, no prazo de 30 dias a contar da data de afixação do aviso, reclamar junto do presidente da câmara municipal ou solicitar a este informações sobre o pedido de licenciamento do loteamento (artigo 10.º, n.º 4). Por esta via, permite-se aos particulares, designadamente aos vizinhos do prédio a lotear, participar no procedimento de licenciamento municipal das operações de loteamento, solicitando informações e formulando observações e reclamações, com vista à tutela dos seus direitos e interesses [cfr. Fernando Gonçalves, *Projecto de Novo Regime de Operações de Loteamento e Obras de Urbanização (Parecer da Associação dos Arquitectos Portugueses)*, policop., Lisboa, 1991, p. 67]. Este regime de participação dos cidadãos não é, porém, aplicável às operações de loteamento promovidas pelas autarquias locais e pela administração directa do Estado ou pela administração indirecta do Estado, quando esta prosseguir fins de interesse público na área da habitação, uma vez que elas não estão sujeitas a licenciamento municipal. Esta solução é altamente criticável, uma vez que implica a subtracção à participação dos particulares de um importante núcleo de procedimentos de aprovação de operações de loteamento.

Uma vez que o loteamento configura, sob o ponto de vista do respectivo conteúdo, um verdadeiro plano de pormenor da área a que diz respeito – embora não se possa olvidar que a iniciativa da elaboração deste último pertence sempre à Administração, ao passo que o primeiro é, na maior parte dos casos, da iniciativa dos particulares, embora também possa ser da iniciativa de entidades públicas –, entendemos que, *de jure condendo*, a solução mais correcta seria fazer preceder a aprovação de todos os projectos de loteamentos urbanos, quer fossem de iniciativa privada, quer de iniciativa pública, da realização de *inquérito público*, à semelhança do que sucede com os planos de pormenor.

Repare-se que o direito francês submete a inquérito público os projectos de loteamento que permitam a construção de mais de *5 000m² de área útil* no território de municípios não dotados de um plano de ocupação dos solos (P.O.S.) ou de um documento de urbanismo substitutivo deste (cfr., por todos, J. Morand – Deviller, *Lotissements*, cit., p. 454).

de licenciamento de um aviso, que deve manter-se no local, de forma bem visível do exterior do prédio, até à conclusão das obras de urbanização e das edificações previstas (artigo 33.º, n.ºs 2, 3 e 4), e o envio, no prazo de 30 dias a contar da emissão do alvará, de cópia deste e dos seus aditamentos para a respectiva comissão de coordenação regional (artigo 34.º); a cedência gratuita à câmara municipal de parcelas de terreno para espaços verdes públicos e de utilização colectiva, infra--estruturas e equipamentos colectivos, que, de acordo com a operação de loteamento, devam integrar o domínio público municipal (artigo 16.º, n.º 1), ou, no caso de o prédio a lotear já estar servido pelas infra-estruturas necessárias ou não se justificar a localização de qualquer equipamento público naquele prédio, o pagamento à câmara municipal de uma compensação, em numerário ou espécie, nos termos definidos em regulamento aprovado pela assembleia municipal (artigo 16.º, n.ºs 4 e 5, na redacção da Lei n.º 25/92); a realização das obras de urbanização, depois de obtido o respectivo licenciamento, de acordo com os projectos aprovados e dentro do prazo fixado para a sua conclusão (artigos 20.º a 23.º e 25.º a 27.º); a prestação de caução, destinada a assegurar a boa e regular execução das obras de urbanização [artigos 23.º, n.º 1, alínea b), e 24.º]; o pagamento de taxas pela realização de infra-estruturas urbanísticas e pela concessão do licenciamento da operação de loteamento [artigo 32.º do Decreto-Lei n.º 448/ /91 e artigo 11.º, alíneas a) e b), da Lei n.º 1/87, de 6 de Janeiro] ([62]); a manutenção de um livro de obra, a conservar no

---

([62]) Para além da cedência gratuita de parcelas de terreno à câmara municipal, para os fins referidos no n.º 1 do artigo 16.º – parcelas essas que se integram automaticamente no domínio público municipal com a emissão do alvará e que não podem ser afectas a fim distinto do previsto no mesmo (artigo 16.º, n.º 2, na redacção da Lei n.º 25/92) –, e do pagamento àquele órgão de uma compensação, em numerário ou espécie, nos termos definidos em regulamento aprovado pela assembleia municipal, no

local onde decorrem as obras de urbanização, para consulta pelas competentes entidades fiscalizadoras (artigo 49.º); a

caso de ocorrer a situação prevista no n.º 4 do artigo 16.º (redacção da Lei n.º 25/92) – integrando-se as parcelas de terreno cedidas a título de compensação em espécie no domínio privado do município, com a finalidade de permitir uma correcta gestão dos solos (artigo 16.º, n.º 5, na versão da Lei n.º 25/92) –, bem como do pagamento da taxa pela realização de infra--estruturas urbanísticas (a qual não visa cobrir os custos das obras de urbanização exigidas pela operação de loteamento, uma vez que estas são realizadas pelo beneficiário do alvará de loteamento, mas compensar o município pela realização de novas infra-estruturas urbanísticas fora da área a lotear ou pela alteração das existentes, em consequência do acréscimo de utilização decorrente da nova ocupação do solo, isto é, pela alteração das denominadas infra-estruturas gerais, tais como o reforço da captação de águas, o alargamento das condutas de esgotos, etc.) e da taxa pela concessão do licenciamento da operação de loteamento, não pode ser exigido ao loteador o pagamento de quaisquer mais-valias ou de outras compensações (artigo 32.º do Decreto-Lei n.º 448/91, *in fine*).

A parte final deste preceito implica o desaparecimento do encargo de mais-valia que incidia sobre os terrenos para construção emergentes do loteamento (sobre a controvérsia gerada à volta da subsistência ou não do encargo de mais-valia no âmbito dos loteamentos urbanos, no domínio da legislação anterior, cfr. a nossa obra *O Plano Urbanístico*, cit., p. 570, 571, em especial nota 181), bem como a ilegalidade das disposições dos planos urbanísticos, das normas provisórias e dos regulamentos municipais de urbanizações e construções que imponham ao beneficiário do licenciamento da operação de loteamento a obrigação de pagamento à câmara municipal de quaisquer mais-valias, contrapartidas ou compensações.

O artigo 32.º do Decreto-Lei n.º 448/91 foi alvo de algumas críticas, aquando da discussão do pedido de ratificação parlamentar deste diploma legal, as quais consistiram no seu carácter limitativo quanto à obtenção de receitas por parte dos municípios, para fazerem face a despesas relacionadas com a gestão urbanística do seu território (cfr. *Diário da Assembleia da República*, cit., p. 1709, 1714, 1715). Aquela disposição legal tem, contudo, subjacente uma preocupação meritória, que é a de impedir uma excessiva subida de preços dos lotes e das construções, em consequência da *repercussão para diante ou repercussão progressiva* (cfr. J. J. Teixeira Ribeiro, *Lições de Finanças Públicas*, 3ª ed., Coimbra, Coimbra Editora,

limpeza da área, em prazo não superior a 90 dias após a recepção definitiva das obras de urbanização, removendo os entulhos e demais detritos que se tenham acumulado na mesma durante a realização das obras (artigo 51.º) ; e a indicação, na publicidade à alienação de lotes de terrenos, de edifícios ou fracções autónomas neles construídos, em construção ou a construir, do número do alvará e da data da sua emissão pela câmara municipal (artigo 54.º) ([63]).

1989, p. 321, 322) da totalidade ou de parte do montante das compensações ou contrapartidas impostas ao loteador sobre os adquirentes dos lotes ou das edificações neles implantadas.

Seja como for, entendemos que a questão da recuperação das mais--valias ou da imposição de compensações, no domínio do loteamento urbano, deverá ser reequacionada no quadro geral da introdução, no nosso país, de um sistema de perequação dos benefícios e encargos resultantes de medidas urbanísticas, designadamente dos planos.

([63]) A par de *deveres* ou *obrigações* – condutas impostas pela ordem jurídica ao requerente e ao beneficiário do licenciamento de operações de loteamento e de obras de urbanização para tutela do interesse público urbanístico, cujo incumprimento é um facto ilícito, punível, em regra, como contra-ordenação, – prevê o Decreto-Lei n.º 448/91 alguns *ónus*, os quais se traduzem na necessidade de o particular que se encontre naquelas situações adoptar certo comportamento para "a aquisição ou conservação dum direito ou duma vantagem jurídica", isto é, para a satisfação de um "interesse próprio", e cuja inobservância tem apenas como sanção o "não se ter por verificada a situação que se produziria se o ónus fosse cumprido" (cfr. R. Ehrhardt Soares, *Interesse Público, Legalidade e Mérito*, Coimbra, 1955, p. 23-36. Sobre a distinção entre *dever jurídico e ónus jurídico*, cfr. ainda J.M. Antunes Varela, *Das Obrigações em Geral*, Vol. I, 7ª ed., Coimbra, Almedina, 1991, p. 56-60; M.J. de Almeida Costa, *Direito das Obrigações*, 5ª ed., Coimbra, Almedina, 1991, p. 47-49; e M. Henrique Mesquita, *Obrigações Reais e Ónus Reais*, Coimbra, Almedina, 1990, p. 409, nota 16).

Tendo em conta a assinalada distinção entre aquelas duas figuras jurídicas, parece poder afirmar-se que a cedência gratuita à câmara municipal de parcelas de terreno, a prestação de caução, destinada a assegurar a boa e regular execução de obras de urbanização, e o pagamento de taxas

f) O estabelecimento de um acervo de direitos e de garantias em benefício daqueles que pretendam promover operações de loteamento e obras de urbanização. Podem citar-se, entre os mais importantes, os seguintes: o direito de requerer à câmara municipal informação escrita, a fornecer no prazo de 20 dias, sobre os elementos de facto e de direito que possam limitar ou condicionar o licenciamento das operações de loteamento ou de obras de urbanização – pedido de informação (artigo 7.°); o direito à informação sobre o estado e o andamento dos processos de licenciamento de operações de loteamento ou de obras de urbanização, com especificação dos actos já praticados e daqueles que ainda devam sê-lo, bem como à consulta de documentos ou processos e à passagem de certidões (artigo 6.°) ([64]);

---

pela realização de infra-estruturas urbanísticas e pela concessão do licenciamento da operação de loteamento estão mais próximas do conceito de *ónus jurídico* do que do de *dever jurídico*. Dúvidas não subsistem, porém, quanto à classificação como *ónus jurídico* da necessidade de adopção dos comportamentos prescritos nos artigos 14.°, 27.° e 38.° do Decreto-Lei n.° 448/91 e nos prazos neles previstos, sob pena de caducidade da deliberação que tiver licenciado a realização de operações de loteamento, da deliberação que tiver licenciado a realização de obras de urbanização e do alvará que titular o licenciamento de operações de loteamento e de obras de urbanização, respectivamente.

([64]) O estatuído no artigo 6.° do Decreto-Lei n.° 448/91 não é mais do que a tradução, no domínio dos processos de licenciamento de operações de loteamento e de obras de urbanização, dos direitos fundamentais dos administrados plasmados nos n.os 1 e 2 do artigo 268.° da Lei Fundamental. Sobre o sentido e alcance destes dois preceitos constitucionais, cfr., *inter alia*, os Acórdãos do TC n.os 176/92 e 177/92 (publicados no *Diário da República*, II Série, n.° 216, de 18 de Setembro de 1992) e a *Anotação* que sobre eles elaborou J.J. Gomes Canotilho, in *RLJ*, Ano 125.°, n.° 3821, p. 252-256. O direito à informação sobre o andamento dos procedimentos por parte dos sujeitos directamente interessados e o direito à consulta do processo e à passagem de certidões estão consagrados, em relação ao procedimento administrativo geral, nos artigos 61.° a 64.° do Código do Procedimento Administrativo.

a indicação taxativa dos fundamentos de indeferimento dos pedidos de licenciamento das operações de loteamento e das obras de urbanização (artigos 13.º, n.º 2, 22.º, n.º 2, e 44.º, n.º 2) ([65]); a fixação de prazos para a emissão de pareceres e para a tomada de decisões (artigos 12.º, n.º 5, 13.º, n.º 4, 22.º, n.º 3, 42.º, n.º2, e 44.º, n.º 1) ([66]); a previsão da regra geral do deferi-

---

([65]) Quando a área a lotear se situar em zona não abrangida por plano municipal de ordenamento do território, pode o pedido de licenciamento da operação de loteamento ser indeferido não apenas com base num dos fundamentos constantes do artigo 13.º, n.º 2, os quais dizem respeito às hipóteses em que a área a lotear está situada no âmbito territorial de aplicação de um plano municipal de ordenamento do território, mas também "quando o mesmo for justificadamente inconveniente para o correcto ordenamento do território, designadamente por serem inadequados o uso, a integração e os índices urbanísticos propostos" (artigo 44.º, n.º 2). Este fundamento de indeferimento está formulado em termos muito imprecisos, gozando, por isso, a Administração de um amplo poder discricionário no domínio da sua interpretação e da sua aplicação às situações concretas.

Com a finalidade de moderar a intensidade deste poder discricionário e de impedir a sua descambação para a arbitrariedade, foi sugerido que a deliberação camarária fosse precedida da possibilidade de os promotores da operação de loteamento – e os seus técnicos – contraporem os seus argumentos à apreciação da câmara municipal, através da instituição de um sistema de audiência pública dos interessados (*public hearing*), e que, complementarmente, fosse determinada a sujeição da deliberação daquele órgão a parecer de uma comissão de planeamento municipal, constituída, entre outros, por técnicos devidamente qualificados [cfr. Fernando Gonçalves, ob. cit., p. 67, 68].

O conteúdo do artigo 44.º, n.º 2, do Decreto-Lei n.º 448/91 é bem elucidativo dos efeitos benéficos que advêm para os proprietários dos terrenos da existência de planos urbanísticos, graças, como já foi salientado, à previsibilidade que eles incutem nas decisões administrativas de gestão urbanística.

([66]) Os prazos fixados na lei para a emissão de pareceres e para a adopção da deliberação da câmara municipal sobre o pedido de licenciamento da operação de loteamento são mais curtos, quando a área a lotear estiver abrangida por plano municipal de ordenamento do território, do que na situação contrária. Assim, para a emissão de pareceres, os prazos são de

mento tácito, na falta de deliberação, autorização ou aprovação nos prazos fixados (artigo 67.º),a consagração do direito de requerer à câmara municipal o reconhecimento da existência de deferimento tácito e dos respectivos direitos constituídos (artigo 68.º, n.º 1), bem como a possibilidade de o reconhecimento dos direitos constituídos em caso de deferimento tácito do pedido de licenciamento de operação de loteamento ou de obras de urbanização ser obtido através de acção proposta nos tribunais administrativos de círculo, sempre que a câmara municipal, a requerimento do interessado, não o tiver feito (artigo 68.º, n.ᵒˢ 2 a 9); e, finalmente, o reconhecimento do direito de reversão, sempre que as parcelas de terreno cedidas gratuitamente à câmara municipal para espaços verdes públicos e de utilização colectiva, infra-estruturas, designadamente arruamentos viários e pedonais, e equipamentos colectivos sejam afectas a fim distinto do previsto no alvará (artigo 16.º, n.º 3, na redacção da Lei n.º 25//92, e artigo 17.º) ([67]).

---

30 dias e 60 dias, respectivamente, a contar da data de recepção do processo pelas entidades consultadas ou da data de recepção dos elementos suplementares indispensáveis à apreciação do processo pelas mesmas solicitadas ao presidente da câmara municipal (artigos 12.º, n.º 5, e 42.º, n.º 2) e, para a deliberação da câmara municipal, de 45 dias, na primeira hipótese (artigo 13.º, n.º 4), e de 90 dias, na segunda (artigo 44.º, n.º 1), contados, conforme os casos, a partir da data de recepção do pedido ou dos elementos complementares ou de correcção do mesmo ou do termo do prazo legal de que dispõem as entidades estranhas ao município para emitir os seus pareceres (artigo 13.º, n.º 5).

([67]) A reversão, ao invés do que poderia pensar-se, não implica a passagem das parcelas de terreno cedidas gratuitamente à câmara municipal para a inteira disponibilidade do cedente, podendo este dar-lhes o destino que mais lhe convier. Nos termos do n.º 1 do artigo 17.º, as parcelas que tenham revertido a favor do cedente por sentença de adjudicação ficam sujeitas às mesmas finalidades a que estavam afectas quando integradas no domínio público municipal.

g) A criação de um leque de medidas de protecção de terceiros adquirentes dos lotes, de imóveis construídos nos lotes ou de fracções autónomas dos mesmos. Essas medidas englobam a garantia da execução efectiva das obras de urbanização, em conformidade com os projectos aprovados e condições fixadas no licenciamento, possibilitando-se, em caso de inacção do loteador ou de desinteresse deste pela execução das diversas infra-estruturas previstas nos projectos, a sua execução, em via substitutiva, quer pelas câmaras municipais (artigo 47.º), quer por terceiros lesados (os adquirentes dos lotes, de imóveis construídos nos lotes ou de fracções autónomas dos mesmos), desde que munidos de autorização judicial para promoverem a execução das obras de urbanização, quando, estando estas suspensas ou abandonadas por período superior a 15 meses ou tiver decorrido o prazo previsto no alvará para a sua conclusão ou o prazo estipulado pelo presidente da câmara, no caso de ter havido prorrogação daquele, a câmara municipal não tiver promovido a sua execução (artigo 48.º); a obrigação da indicação nos instrumentos notariais relativos a actos ou negócios jurídicos de que resulte, directa ou indirectamente, a divisão em lotes ou a transmissão de lotes legalmente constituídos do número do alvará, da data da sua emissão pela câmara municipal e da certidão do registo predial (artigo 53.º, n.º 1) e da exibição, perante o notário, de certidão, emitida pela câmara municipal, comprovativa da recepção provisória das obras de urbanização ou de certidão, emitida

---

A consequência mais importante da reversão consiste na atribuição ao cedente do direito de exigir à câmara municipal a expropriação – e a consequente indemnização – da parcela revertida após o trânsito em julgado da sentença (artigo 17.º, n.º 2). E, no caso de a câmara municipal não iniciar o processo de expropriação da parcela revertida nos 10 meses seguintes à data do trânsito em julgado da sentença, pode o proprietário da parcela revertida exigir uma indemnização pelos prejuízos sofridos com a diminuição do valor económico da sua parcela (artigo 17.º, n.º 6).

por este mesmo órgão, comprovativa de que a caução é suficiente para garantir a boa execução das obras de urbanização, tratando-se da primeira transmissão de imóveis construídos nos lotes ou de fracções autónomas desses imóveis (artigo 53.º, n.º 2) (⁶⁸), bem como da inclusão, já acima referida, nos actos de publicidade à alienação de lotes de terreno, de edifícios ou fracções autónomas nele construídos ou a construir, do número do alvará e da data da sua emissão pela câmara municipal (artigo 54.º); e o direito de os adquirentes dos lotes exigirem à câmara municipal e ao proprietário do prédio loteado a observância das condições estabelecidas no alvará e ainda, desde que constantes do registo predial, aos outros adquirentes dos lotes (artigo 29.º, n.º 3).

h) A previsão da possibilidade de os moradores ou grupos de moradores das zonas loteadas e urbanizadas terem acesso à gestão de espaços verdes e de utilização colectiva, através de mecanismos que poderão ir desde simples acordos de cooperação com as câmaras municipais até à celebração de contratos de concessão de uso privativo do domínio público municipal (artigos 18.º e 19.º).

(⁶⁸) O artigo 56.º, n.º 3, do Decreto-Lei n.º 448/81 comina com a sanção da nulidade os actos jurídicos praticados em violação ao disposto no artigo 53.º. Uma vez que o n.º 1 do artigo 53.º daquele diploma legal não se distingue substancialmente do que dispunha o artigo 27.º, n.º 2, do Decreto-Lei n.º 289/73, de 6 de Junho (e também o artigo 57.º do Decreto-Lei n.º 400/84, de 31 de Dezembro), parece poder aplicar-se, no domínio do novo diploma disciplinador dos loteamentos urbanos, a doutrina fixada pelo Assento do STJ, de 19 de Novembro de 1987 (cfr. DR, I Série, n.º 9, de 12 de Janeiro de 1988), na vigência do Decreto-Lei n.º 289/73, nos termos da qual "é válido o contrato-promessa de compra e venda de terreno compreendido em loteamento sem alvará, a menos que no momento da celebração desse contrato haja impossibilidade de obtenção do alvará, por haver lei, regulamento ou acto administrativo impeditivo da sua emissão".

i) Finalmente, a indicação dos organismos com competência para fiscalizar o cumprimento do disposto no diploma disciplinador do regime jurídico dos loteamentos urbanos (artigo 55.º) ([69]), bem como das entidades que podem embargar operações de loteamento e obras de construção e urbanização, executadas com desrespeito das normas legais e regulamentares em vigor (artigo 61.º) ([70]), e ordenar a demo-

---

([69]) Os organismos competentes para fiscalizar a observância por parte dos particulares da normas jurídicas respeitantes ao loteamento urbano são as câmaras municipais, as comissões de coordenação regional e a Direcção-Geral do Ordenamento do Território (artigo 55.º, n.º 1). Por sua vez, a fiscalização do cumprimento das referidas normas pelas câmaras municipais compete às comissões de coordenação regional e à Direcção-Geral do Ordenamento do Território, as quais devem comunicar à Inspecção-Geral da Administração do Território, enquanto organismo de exercício da tutela inspectiva do Governo sobre as autarquias locais [artigo 11.º do Decreto-Lei n.º 130/86, de 7 de Junho (Lei Orgânica do Ministério do Planeamento e da Administração do Território)], as irregularidades praticadas pelas câmaras municipais de que tiverem conhecimento (artigo 55.º, n.º 2). Para mais desenvolvimentos, cfr. J. Miguel Sardinha, ob. cit., p. 121-127.

([70]) A competência geral para ordenar o embargo pertence aos presidentes das câmaras municipais [cfr., quanto a estes, também o artigo 53.º, n.º 2, alínea l), do Decreto-Lei n.º 100/84, de 29 de Março, na redacção que lhe foi dada pela Lei n.º 18/91, de 12 de Junho] e das comissões de coordenação regional, sem prejuízo dos poderes conferidos por lei a outras entidades para ordenar o embargo de determinadas obras ou trabalhos. É o que sucede, por exemplo, com o IPPAR (Instituto Português do Património Arquitectónico e Arqueológico), a quem compete, nos termos do artigo 4.º, n.º 1, do Decreto-Lei n.º 106-F/92, de 1 de Junho, "determinar, precedendo autorização do membro do Governo responsável pela área da cultura, o embargo administrativo de quaisquer obras ou trabalhos, licenciados ou efectuados em desconformidade com legislação relativa ao património cultural, em imóveis classificados e nas zonas de protecção, bem como noutras áreas expressamente designadas na lei".

O artigo 61.º do Decreto-Lei n.º 448/91, ao utilizar a expressão embargo de "operações de loteamento, obras de construção e urbanização,

lição das mesmas obras e a reposição do terreno nas condições em que se encontrava antes da infracção, fixando, para o efeito, o respectivo prazo (artigo 62.º) ([71]); a enumeração dos

executadas com desrespeito das normas legais e regulamentares em vigor", tem em vista não apenas o embargo de operações de loteamento e de obras de urbanização e de construção realizadas sem o necessário alvará ou em desconformidade com as suas especificações, mas também o embargo das mesmas acções materiais que tenham como base um acto de licenciamento nulo, designadamente por estar inquinado de um dos vícios referidos nas alíneas *a*) e *b*) do n.º 1 do artigo 56.º, isto é, quando não tiver sido precedido de consulta das entidades cujos pareceres, autorizações ou aprovações sejam legalmente exigíveis ou não esteja em conformidade com os mesmos quando de natureza vinculativa ou quando viole o disposto em plano urbanístico, normas provisórias, áreas de desenvolvimento urbano prioritário ou áreas de construção prioritária.

Interessa, por fim, realçar que, nos termos do artigo 63.º, a ordem de embargo, bem como a sua revogação ou anulação, são anotadas à descrição predial, mediante comunicação da entidade competente ao respectivo conservador do registo predial.

([71]) São o Ministro do Planeamento e da Administração do Território e os presidentes das câmaras municipais [cfr., em relação a estes, o já citado artigo 53.º, n.º 2, alínea *l*), do Decreto-Lei n.º 100/84, de 29 de Março, na versão da Lei n.º 18/91, de 12 de Junho] as entidades às quais a lei confere poderes para ordenar a demolição das operações de loteamento, obras de construção e urbanização, executadas com desrespeito das normas legais e regulamentares em vigor, e a reposição do terreno nas condições em que se encontrava antes da infracção, fixando, para o efeito, o respectivo prazo (artigo 62.º, n.º 1). A ordem de demolição ou reposição é antecedida de audição do interessado, que dispõe de 15 dias a contar da data da sua notificação para se pronunciar sobre a mesma (artigo 62.º, n.º 4).

A ordem de demolição ou reposição do terreno, no caso de não ser cumprida no prazo que lhe for fixado, é executada forçosamente pela Administração, substituindo-se esta ao particular na prática do acto que este deveria produzir (artigo 62.º, n.ºs 2 e 3). A execução directa por parte da entidade ordenante do *dever de fazer* que impendia sobre o particular (o dever de demolir a obra e de repor o terreno na situação anterior à da infracção) traduz, como bem salienta R. Ehrhardt Soares, a transformação ocasionada pela violação dum *dever de não fazer* – precisamente o de não

vícios de legalidade, especificamente relacionados com a violação de normas jurídicas urbanísticas, que geram a nulidade

executar operações de loteamento e obras de construção e urbanização com desrespeito das normas legais e regulamentares vigentes (cfr. *Direito Administrativo*, Coimbra, 1978, p. 215, 216).

O poder de ordenar o embargo de obras, referido na nota anterior, bem como o poder de ordenar a demolição e a reposição do terreno são *poderes funcionais* ou *poderes-deveres*, que o órgão administrativo tem de exercer sempre que o postule o fim público para cuja prossecução ou defesa a lei os conferiu, sendo, por isso, irrenunciável o seu exercício [cfr. J.M. Sérvulo Correia, *Noções de Direito Administrativo*, Vol.I, Lisboa, Danúbio, 1982, p. 172-174; M. Esteves de Oliveira, *Direito Administrativo*, Vol. I, Coimbra, Almedina, 1980, p. 239, 266, 267; D. Freitas do Amaral, *Curso de Direito Administrativo*, cit.,p. 610; e o Acórdão do STA (1ª Secção), de 11 de Junho de 1987, in *Acórdãos Doutrinais do Supremo Tribunal Administrativo*, n.º 322 (1988), p. 1176-1182. Saliente-se que o princípio da irrenunciabilidade da competência definida por lei ou por regulamento está consagrado no n.º 1 do artigo 29.º do Código do Procedimento Administrativo, cominando o n.º 2 do mesmo preceito com a nulidade todo o acto ou contrato que tenha por objecto a renúncia à titularidade ou ao exercício da competência conferida aos órgãos administrativos, sem prejuízo da delegação de poderes e figuras afins].

Tal como a ordem de embargo, também a ordem de demolição, bem como a sua revogação ou anulação, são anotadas à descrição predial, mediante comunicação da entidade competente ao respectivo conservador do registo predial (artigo 63.º do Decreto-Lei n.º 448/91).

A atribuição, no artigo 61.º, de uma *competência alternativa ou concorrente* aos presidentes das câmaras municipais e das comissões de coordenação regional para ordenar o embargo de operações de loteamento e de obras de urbanização e de construção, executadas com desrespeito das normas legais e regulamentares em vigor, e, no artigo 62.º, de uma *competência igualmente alternativa ou concorrente* ao Ministro do Planeamento e da Administração do Território e aos presidentes das câmaras municipais para ordenar a demolição das mesmas obras encontra a sua justificação no facto de as operações de loteamento urbano e as obras de urbanização constituirem uma forma de ocupação do solo que tem especiais incidências a nível do ordenamento do território, do ambiente e dos recursos naturais, sendo, por isso, como já tivemos ensejo de acentuar, uma matéria que tem

dos actos administrativos respeitantes a operações de loteamento, a obras de urbanização e a quaisquer obras de construção civil (artigo 56.º, n.º 1) ([72]); e a definição de um

a ver com interesses simultaneamente *locais e nacionais*. Daí que não se possa ver na competência atribuída no artigo 62.º a um membro do Governo e no artigo 61.º a um órgão desconcentrado da administração directa do Estado uma qualquer forma de *tutela revogatória e substitutiva* (sobre o sentido destas espécies de tutela administrativa, cfr. D. Freitas do Amaral, *Curso de Direito Administrativo*, cit., p. 698) e, consequentemente, inconstitucional, em face do disposto nos artigos 6.º, n.º 1, 237.º e 243.º da Constituição.

Na verdade, como referiu o Parecer do Conselho Consultivo da Procuradoria-Geral da República n.º 53/87, de 22 de Outubro (publicado no DR, II série, n.º 100, de 30 de Abril de 1988), a propósito do artigo 2.º do Decreto-Lei n.º 40.388, de 21 de Novembro de 1955, que conferia ao Ministro das Obras Públicas competência para ordenar e fazer executar a demolição de obras realizadas nas áreas urbanizadas ou urbanizáveis com desrespeito dos condicionamentos fixados nos respectivos planos de urbanização e seus regulamentos – doutrina que foi sufragada no Acórdão do STA (1ª Secção), de 27 de Novembro de 1990 [in *Acórdãos Doutrinais do Supremo Tribunal Administrativo*, n.º 354 (1991), p. 736-755] e que pode ser transplantada para o caso dos artigos 61.º e 62.º do Decreto-Lei n.º 448/91 –, "para que tutela existisse tornar-se-ia, na realidade, mister que os interesses públicos implicados no urbanismo e no ordenamento do território, subjacentes ao citado preceito, revestissem carácter exclusivamente municipal, só pela autarquia devendo e podendo ser prosseguidos, de conformidade com o disposto no art.º 237.º, n.º 2, da Constituição. Tratar-se-á, porventura, bem ao invés, de valores que relevam quer ao nível local, quer no plano nacional e cuja realização – já o dissemos – tanto incumbirá aos entes territoriais como ao Estado, concorrentemente [arts. 9.º, al. e), 65.º, n.º 4, e 66.º, n.º 2]". No sentido da tese aqui defendida, cfr. J. Miguel Sardinha, ob. cit., p. 94-96, 145,146, e Nuno da Silva Salgado, ob. cit., p. 86, 87.

([72]) Os vícios de legalidade, de índole especificamente urbanística, que desencadeiam a *nulidade* dos actos administrativos respeitantes a operações de loteamento, a obras de urbanização e a quaisquer obras de construção civil são referidos nas alíneas *a*) e *b*) do n.º 1 do artigo 56.º. São, por um lado, *vícios respeitantes ao procedimento* [falta de consulta das entidades cujos pareceres, autorizações ou aprovações sejam legalmente exigíveis ou não estejam em conformidade com os mesmos, quando de natureza vinculativa – alínea *a*)] e, por outro lado, *vícios relativos ao conteúdo* [violação do disposto em instrumento de planeamento territorial, normas provisórias, áreas de desenvolvimento urbano prioritário ou áreas de construção prioritária – alínea *b*)].

Para além dos casos expressamente apontados no n.º 1 do artigo 56.º do Decreto-Lei n.º 448/91, são *nulos* os actos administrativos respeitantes a operações de loteamento, a obras de urbanização e a quaisquer obras de construção civil, aos quais falte qualquer dos seus "elementos essenciais" (artigo 133.º, n.º 1, do Código do Procedimento Administrativo), ou que estejam inquinados por um dos vícios elencados no n.º 2 do artigo 133.º do mesmo Código. Os restantes vícios daqueles actos administrativos determinam a *anulabilidade*, a qual constitui, como se sabe, a forma de invalidade-regra dos actos administrativos que enfermem de ilegalidade (cfr. o artigo 135.º do Código do Procedimento Administrativo).

Saliente-se que o artigo 56.º do Decreto-Lei n.º 448/91, ao apontar os vícios de legalidade, de natureza urbanística, que têm como resultado a *nulidade* dos actos administrativos respeitantes a operações de loteamento urbano, a obras de urbanização e a quaisquer obras de construção civil, não distingue entre actos praticados por órgãos da administração central e por órgãos da administração local. Daí que tenha de concluir-se que são também *nulos* os actos administrativos de competência governamental de aprovação das operações de loteamento e dos projectos de obras de urbanização não sujeitos, por força da parte final do n.º 2 e do n.º 3 do artigo 1.º e do artigo 65.º do Decreto-Lei n.º 448/91, a licenciamento municipal, que violem o disposto em qualquer plano regional ou municipal de ordenamento do território, normas provisórias, áreas de desenvolvimento urbano prioritário ou áreas de construção prioritária e que, no caso de serem executados materialmente, estão sujeitos aos poderes de embargo e de demolição dos presidentes das câmaras municipais, previstos nos mencionados artigos 61.º e 62.º do Decreto-lei n.º 448/91.

Importa, finalmente, referir o disposto no artigo 57.º, que, à semelhança do que estatui o artigo 23.º do Decreto-Lei n.º 69/90, de 2 de Março, para os actos dos órgãos municipais que violem qualquer plano municipal plenamente eficaz, comete à Inspecção-Geral da Administração

quadro de ilícitos de mera ordenação social, e respectivas sanções, relacionados com as operações de loteamento e as obras de urbanização (artigos 58.º e 59.º) ([73]).

do Território o encargo de comunicar as ilegalidades que estejam na base da nulidade dos actos administrativos respeitantes a operações de loteamento, a obras de urbanização e a quaisquer obras de construção civil, referidas nas alíneas a) e b) do n.º 1 do artigo 56.º, ao Ministério Público, para efeitos de interposição do competente recurso contencioso e meios processuais acessórios, dando conhecimento de tal facto à câmara municipal e demais interessados conhecidos [alínea a)], recurso contencioso esse que está sujeito a registo, mediante comunicação a efectuar pelo Ministério Público ao competente conservador do registo predial [alínea *b*)].

([73]) O ilícito de mera ordenação social constitui a parte mais importante do chamado *ilícito administrativo*, o qual consiste na violação pelos particulares de deveres ou o desconhecimento de proibições fixadas para defesa de valores tipicamente administrativos, isto é, de valores desprovidos de dimensão ético-social (cfr. R. Ehrhardt Soares, *Direito Administrativo*, cit., p. 32 ss.).

O estabelecimento, no nosso país, de um regime específico de punição dos actos ilícitos de mera ordenação social, através da criação da figura jurídica da contra-ordenação, inseriu-se no conhecido *movimento da descriminalização*, cujo propósito foi o de retirar dos quadros do direito penal um larguíssimo número de infracções de nula ou duvidosa relevância ética, cujo número vem aumentando no actual Estado social de direito, devido ao seu pendor crescentemente intervencionista, reservando ao direito penal a tutela dos valores que constituem o "mínimo ético" essencial à vida em sociedade [cfr. Eduardo Correia, *Direito Penal e Direito de Mera Ordenação Social*, in BFDUC, vol. XLIX (1973), p. 266], devendo, por isso, aquele intervir com os seus instrumentos próprios de actuação ali e apenas, como salienta J. Figueiredo Dias, "onde se verifiquem lesões insuportáveis das condições comunitárias essenciais de livre realização e desenvolvimento da personalidade de cada homem" (cfr. *O Movimento da Descriminalização e o Ilícito de Mera Ordenação Social*, in Jornadas de Direito Criminal, o Novo Código Penal Português e Legislação Complementar, Lisboa, Petrony, 1983, p. 322).

O Decreto-Lei n.º 433/82, de 27 de Outubro (alterado pelo Decreto-Lei n.º 356/89, de 17 de Outubro), que estabelece o regime geral das contra-ordenações, define, no seu artigo 1.º, n.º 1, contra-ordenação como

3.3. *A nova disciplina do licenciamento de obras particulares. Princípios gerais*

O regime de licenciamento de obras particulares carecia igualmente de revisão urgente. Com efeito, o Decreto-Lei

---

"todo o facto ilícito e censurável que preencha um tipo legal no qual se comine uma coima". Mas, como acentua J. Figueiredo Dias (cfr. ob. cit., p. 326, 327), apesar de o legislador ter adoptado, naquele preceito, um "índice conceitual-formal" para operar a distinção entre crimes e contra-ordenações, subjacentes às opções do legislador vertidas naquele diploma legal estão seguramente razões de ordem material distintivas do direito penal em relação ao direito de mera ordenação social (cfr. o intróito dos citados Decretos-Leis n.ºˢ 423/82 e 356/89). Assim, é da circunstância de o ilícito de mera ordenação social se traduzir numa conduta que, em si mesma, independentemente da sua proibição legal, é axiologicamente neutra (cfr. J. Figueiredo Dias, ob. cit., p. 327,328), isto é, uma conduta que não se apresenta com uma carga valorativa negativa para além do desvalor que lhe é atribuído pelo simples facto de violar deveres (de acção ou de omissão) prescritos pelo Estado [cfr. J. Pedro Cardoso da Costa, *O Recurso para os Tribunais Judiciais da Aplicação de Coimas pelas Autoridades Administrativas,* in Ciência e Técnica Fiscal, n.º 366 (1992), p. 46], que ele, por exemplo, não é punível com penas restritivas da liberdade, mas com sanções exclusivamente patrimoniais (coimas) e eventualmente com determinadas sanções acessórias (artigos 17.º a 26.º do Decreto-Lei n.º 433/82); que a verificação concreta da existência do facto ilícito e a aplicação das coimas é da competência das autoridades administrativas (artigos 33.º a 37.º do referido diploma legal), sem prejuízo do direito ao recurso para os tribunais das decisões das autoridades administrativas (artigos 59.º e seguintes do Decreto-Lei n.º 433/82) – sendo competentes os tribunais comuns (o tribunal em cuja área territorial se tiver praticado a infracção), os quais têm poderes de jurisdição plena, isto é, podem não apenas anular ou declarar a invalidade da decisão administrativa aplicadora da coima, mas também absolver o arguido e manter a sanção aplicada ou alterá-la (para uma justificação da opção tomada pelo legislador do recurso para os tribunais comuns, em detrimento dos tribunais administrativos, cfr. J. Pedro Cardoso da Costa, ob. cit., p. 52 ss.); que as coimas podem aplicar-se não só às pessoas singulares, mas também às pessoas colectivas e às associações sem personalidade jurídica (artigo

n.º 166/70, de 15 de Abril, apresentava-se totalmente desajustado não só às novas regras constitucionais e legais rela-

7.º do citado diploma legal); ou, ainda, que, no domínio das contra-ordenações, o princípio da *culpa* tem um sentido diverso daquele que lhe vai associado no âmbito jurídico-penal – não se trata de uma culpa, como refere J. Figueiredo Dias, "baseada numa censura *ética*, dirigida à *pessoa* do agente e à sua *atitude interna*, mas apenas de uma imputação do facto à responsabilidade social do seu autor", ou seja, "da adscrição social de uma responsabilidade que se reconhece exercer ainda uma função positiva e adjuvante das finalidades admonitórias da coima" (cfr. ob. cit., p. 331).

O artigo 168.º, n.º 1, alínea *d*), da Constituição inclui, desde a Lei Constitucional n.º 1/82, de 30 de Setembro, na reserva relativa de competência legislativa da Assembleia da República o regime geral de punição dos actos ilícitos de mera ordenação social e do respectivo processo. A demarcação das competências legislativas da Assembleia da República e do Governo em matéria de ilícito de mera ordenação social e respectivo processo foi traçada com rigor pelo Acórdão do TC n.º 56/84 (publicado no DR, I Série, n.º 184, de 9 de Agosto de 1984), passando a linha aí gizada a ser trilhada em múltiplos arestos posteriores [cfr., *inter alia*, os Acórdãos n.ºs 324/90 e 329/92, o primeiro publicado no DR, II Série, n.º 65, de 19 de Março de 1991, e o segundo no mesmo Jornal Oficial, I Série-A, n.º 264, de 14 de Novembro de 1992].

Nos termos daquele primeiro aresto, "é da exclusiva competência da Assembleia da República, salvo autorização legislativa ao Governo (e admitindo hipoteticamente a subsistência constitucional da figura da contravenção):

a) Definir crimes e penas em sentido restrito, o que comporta o poder de variar os elementos constitutivos do facto típico, de extinguir modelos de crime, de desqualificá-los em contravenções e contra-ordenações e de alterar as penas previstas para os crimes no direito positivo;

b) Legislar sobre o regime geral de punição das contra-ordenações e contravenções e dos respectivos processos;

c) Definir contravenções puníveis com pena de prisão e modificar o *quantum* desta.

É da competência concorrente da Assembleia da República e do Governo (e na mesma linha de hipotética sobrevivência constitucional do tipo contravencional):

a) Definir, dentro dos limites do regime geral, contravenções não puníveis com pena restritiva de liberdade e contra-ordenações, alterar e eliminar umas e outras e modificar a sua punição;

tivas ao poder local, mas também às hodiernas concepções no domínio do planeamento urbanístico. Foi, por isso, oportuna e útil

b) Desgraduar contravenções não puníveis com pena restritiva de liberdade em contra-ordenações, com respeito pelo quadro traçado pelo Decreto-Lei n.º 433/82" (cfr. também J.J. Gomes Canotilho/Vital Moreira, *Constituição da República Portuguesa Anotada*, 3ª ed., Coimbra, Coimbra Editora, 1993, p. 673).

Ainda segundo o Acórdão do Tribunal Constitucional que vimos seguindo, pode o Governo fixar as coimas e outras sanções aplicáveis a certos comportamentos qualificados como contra-ordenações, com respeito, porém, do diploma que estabelece o regime geral de punição das contra-ordenações (Decreto-Lei n.º 433/82). Ora, desse regime geral, por força do disposto no artigo 168.º, n.º 1, alínea d), da Constituição, "não pode deixar de constar um quadro rígido das sanções aplicáveis aos ilícitos de mera ordenação social, bem como uma referência, com valor taxativo, aos montantes mínimo e máximo das coimas". Daqui resulta que não pode o Governo, sem apoio em autorização legislativa, fixar para as coimas devidas por contra-ordenações limites mínimos *inferiores* ao estabelecido no Decreto-Lei n.º 433/82, nem limites máximos *superiores* ao determinado nesse diploma legal, sob pena de inconstitucionalidade orgânica na diferença para menos ou para mais, respectivamente.

O artigo 58.º, n.º 1, do Decreto-Lei n.º 448/91 tipifica como contra-ordenação, sujeita ao regime constante do Decreto-Lei n.º 433/82, de 27 de Outubro, e respectiva legislação complementar, a realização de operações de loteamento e obras de urbanização, bem como de acções preparatórias das mesmas, sem o necessário alvará municipal ou quando se encontre suspensa a eficácia dos respectivos actos. Por sua vez, o n.º 2 do mesmo preceito qualifica como contra-ordenação a violação de um conjunto de *deveres jurídicos* que impendem sobre o requerente e o beneficiário do licenciamento de operações de loteamento e de obras de urbanização [casos das alíneas a) e b) e d) a m)] ou sobre o técnico responsável pelo projecto [caso da alínea c)]. Os montantes mínimos e máximos das coimas são fixados nos n.ᵒˢ 4 a 10 do artigo 58.º – montantes esses que não se situam dentro dos limites mínimos e máximos definidos no artigo 17.º do Decreto-Lei n.º 433/82, de 27 de Outubro, na redacção do Decreto-Lei n.º 356/89, de 17 de Outubro, sem que com isso surja qualquer problema de inconstitucionalidade orgânica, já que eles respeitam as balizas colocadas pela alínea p) do

a iniciativa do Governo de estabelecer, através do Decreto-Lei n.º 445/91, de 20 de Novembro (alterado, por ratificação, pela

n.º 1 do artigo 2.º da Lei n.º 7/91, de 15 de Março, que autorizou o Governo a legislar sobre o regime jurídico das operações de loteamentos urbanos e obras de urbanização e respectivo regime sancionatório –, contendo o artigo 59.º a indicação das sanções acessórias, a aplicar quando a gravidade da infracção o justifique, as quais podem traduzir-se na interdição, na área do município, do exercício, por um período máximo de dois anos, da profissão ou actividade conexas com a infracção praticada [n.º 1, alínea *a*)], na apreensão de objectos pertencentes ao agente que tenham sido utilizados no cometimento da infracção [n.º 1, alínea *b*)] e na exclusão de concursos para a realização de empreitadas de obras públicas ou para fornecimento de bens ou serviços ao respectivo município, por prazo não superior a dois anos [n.º 1, alínea *c*)].

A competência para determinar a instrução dos processos de contra-ordenação, para designar o instrutor e para aplicar as respectivas coimas é cometida pelo n.º 11 do artigo 58.º às câmaras municipais ou às comissões de coordenação regional, consoante o processo de contra-ordenação corra por aquelas ou por estas. No caso de o processo de contra-ordenação ser da responsabilidade das comissões de coordenação regional, 40% do produto das coimas reverte para estas, constituindo receita própria, e 60% para o Estado (artigo 58.º, n.º 12), mas na hipótese de o mesmo ser da responsabilidade da câmara municipal, o produto das coimas reverte integralmente para esta (artigo 58.º, n.º 13).

A tipificação de certos comportamentos dos particulares violadores de normas jurídicas urbanísticas como ilícitos de mera ordenação social e a sua punição como contra-ordenações é muito frequente no nosso direito. Para além do domínio já referido dos loteamentos urbanos, aquela técnica aparece-nos em outros sectores do direito do urbanismo, tais como, entre outros, os da planificação urbanística municipal (artigo 25.º do Decreto-Lei n.º 69/90, de 2 de Março), da RAN (artigos 36.º e 38.º do Decreto-Lei n.º 196/89, de 14 de Junho, na redacção do Decreto-Lei n.º 274/92, de 12 de Dezembro), da REN (artigos 12.º e 13.º do Decreto-Lei n.º 93/90, de 19 de Março, na redacção do Decreto-Lei n.º 213/92, de 12 de Outubro), das áreas protegidas (artigos 22.º a 24.º do Decreto-Lei n.º 19/93, de 23 de Janeiro), dos terrenos com povoamentos florestais percorridos por incêndios (artigos 7.º a 9.º do Decreto-Lei n.º 139/88, de 22 de Abril, artigos 7.º a 9.º do Decreto-Lei n.º 180/89, de 30 de Maio, e artigo 1.º, n.º 4, do Decreto-

Lei n.º 29/92, de 5 de Setembro), e devidamente estribado em autorização legislativa concedida pela Lei n.º 58/91, de 13 de

-Lei n.º 327/90, de 22 de Outubro), da ocupação, uso e transformação da faixa costeira (artigo 6.º do Decreto-Lei n.º 302/90,de 22 de Setembro),dos POOC (artigos 14.º a 16.º do Decreto-Lei n.º 309/93, de 2 de Setembro) e, como melhor se verá um pouco mais à frente, o do licenciamento de obras particulares (sobre este tema, cfr. Nuno da Silva Salgado, ob. cit., p. 92 ss.).

Importa ainda salientar que, para além do ilícito de mera ordenação social, podem ocorrer, no âmbito dos loteamentos urbanos, outras formas de ilícito, como sejam o ilícito civil (v.g. responsabilidade civil por danos causados a terceiros na execução de operações de loteamento e de obras de urbanização), o ilícito penal [responsabilidade penal pela prática de crimes de desobediência às ordens de embargo dimanadas das autoridades administrativas referidas no artigo 61.º (cfr. o artigo 388.º, n.º 1, do Código Penal)] e o ilícito disciplinar, conforme a natureza das normas – e dos valores – objecto de infracção (cfr. o corpo do n.º 2 do artigo 58.º do Decreto--Lei n.º 448/91). Tipificadora de ilícitos disciplinares é a norma do artigo 60.º do Decreto-Lei n.º 448/91, que considera geradora de responsabilidade disciplinar para os funcionários municipais incumbidos de fiscalizar as obras sujeitas a licenciamento municipal a não participação à câmara municipal de actos que indiciem infracções ao diploma condensador do regime jurídico dos loteamentos urbanos de que tenham conhecimento no exercício das suas funções [n.º 1, alínea a), infracção esta que é punida com pena de multa, nos termos do Decreto-Lei n.º 24/84, de 16 de Janeiro – Estatuto Disciplinar dos Funcionários e Agentes da Administração Central, Regional e Local], bem como a prestação de informações falsas ou erradas às câmaras municipais sobre as infracções ao mesmo diploma legal de que tenham conhecimento no exercício das suas funções [n.º 1, alínea b), infracção que é punida com pena de suspensão, nos termos do citado Decreto--Lei n.º 24/84].

Realce-se, por fim, que as infracções às normas jurídicas urbanísticas, constitutivas de ilícitos de mera ordenação social, de ilícitos penais, de ilícitos disciplinares e de ilícitos civis, integram o chamado *ilícito urbanístico*, que os mais recentes manuais, sobretudo de língua italiana, vêm incluindo como um capítulo do direito do urbanismo (cfr., por todos, G. C. Mengoli, ob. cit., p. 805 ss., e N. Assini/M. Marinari, *L'Illecito Urbanistico – Edilizio e le Sanzioni*, in Manuale di Diritto Urbanistico, a cura di N. Assini, cit., p. 571 ss.).

Agosto, uma nova disciplina jurídica para o licenciamento de obras particulares.

Focaremos apenas, por manifesta escassez de tempo, os princípios-base ou os *standards* fundamentais do diploma reformador do licenciamento de obras particulares. São eles os seguintes:

a) A definição do campo de aplicação do licenciamento municipal de obras, isto é, das obras que estão sujeitas a licenciamento municipal e daquelas em que o mesmo não é exigido ([74]).

([74]) 1. A licença de obras particulares, vulgarmente conhecida por "licença de construção", pode ser definida como um acto administrativo de autorização, por meio do qual a Administração realiza um controlo prévio da actividade dos administrados, traduzida, em geral, na realização de uma ou de várias construções novas ou na modificação de uma ou de várias construções existentes, com vista a verificar se ela se ajusta ou não às exigências do interesse público urbanístico, tal como ele se encontra plasmado no ordenamento jurídico vigente [cfr. J. González Pérez, *Comentarios a la Ley del Suelo (Texto Refundido de 1992)*, 6ª ed., Vol. III, Madrid, Civitas, 1993, p. 1690, 1691; D. Labetoulle, *Le Permis de Construire*, Paris, PUF (Que Sais-Je?), 1982, p. 3; e H. Jacquot, *Droit de l'Urbanisme*, cit., p. 554, e *Permis de Construire, Généralités, Champ d'Application*, in Urbanisme, cit., p. 598].

2. A sujeição da actividade dos particulares de transformação material dos terrenos ou do espaço, consistente na realização de obras de construção civil, a um controlo preventivo da Administração Pública surgiu, no nosso país, apenas no período liberal, mais concretamente a partir da Portaria de 6 de Junho de 1838, a qual determinou que as câmaras municipais podiam estabelecer posturas que proibissem a edificação nas cidades e vilas sem prévia aprovação da respectiva planta, cominando a sanção de demolição do que fosse construído sem licença ou em contravenção da planta aprovada. Com efeito, até àquele período histórico, ainda era entendimento corrente – sujeito, no entanto, a algumas excepções – que derivava do direito natural de cada proprietário a *liberdade de edificar* no seu solo como quisesse e com a altura que achasse conveniente, de acordo com a máxima *"ejus est aer cujus est solum"*, sendo as restrições àquela liberda-

b) A consagração de um regime de estreita ligação entre o licenciamento de obras e a planificação urbanística, através

de essencialmente de direito privado, isto é, motivadas fundamentalmente pela protecção dos direitos dos proprietários dos prédios vizinhos (para mais desenvolvimentos, cfr. a nossa obra *O Plano Urbanístico*, cit., p. 125 ss.). A obrigatoriedade da subordinação das construções efectuadas pelos particulares a um *projecto* e a necessidade da sua aprovação pela câmara municipal foram recebidas no Código Administrativo, aprovado pelo Decreto de 18 de Março de 1842, e mantiveram-se, com ligeiros aperfeiçoamentos, nos Códigos Administrativos que se sucederam, entre nós, após aquela data (cfr. a nossa obra *O Plano Urbanístico*, cit., p. 145 ss.). No período do Estado Novo, eram três os diplomas básicos que se referiam à disciplina jurídica do licenciamento municipal de obras: o Código Administrativo de 1936-40 (artigos 50.º, n.º 5, e 51.º, n.ºs 18, 20, 21 e 22); o Regulamento Geral das Edificações Urbanas, aprovado pelo Decreto-Lei n.º 38.382, de 7 de Agosto de 1951 (alterado por vários diplomas subsequentes, entre os quais o Decreto-Lei n.º 44.258, de 31 de Março de 1962): artigos 1.º a 14.º; e o Decreto-Lei n.º 166/70, de 15 de Abril, que continha o travejamento jurídico do licenciamento de obras particulares [cfr. D. Freitas do Amaral, *Direito do Urbanismo (Sumários)*, cit., p. 125, 126; e A. Pereira da Costa, *Regime Jurídico de Licenciamento de Obras Particulares Anotado*, Coimbra, Coimbra Editora, 1993, p. 21-23]. Foi este último diploma legal que o Decreto-Lei n.º 445/91, de 20 de Novembro, ratificado com emendas pela Lei n.º 29/92, de 5 de Setembro, veio revogar.

Vigora, pois, no nosso país, há mais de um século e meio, o princípio segundo o qual é proibido construir sem uma autorização, estando, por isso, a actividade de edificação sujeita à "denominada proibição com reserva de licença" (*sogenanntes Verbot mit Erlaubnisvorbehalt* – cfr. Werner/ /Pastor/ Müller, *Lexikon des Baurechts*, 5. Auflage, München, Beck, 1988, p. 123). A "licença de construção" tem, no entanto, hoje, um sentido bem diferente daquele que tinha no século passado e nos princípios do século actual. Enquanto, nesta época histórica, a Administração, ao emanar a "licença", se limitava a verificar se a construção respeitava as regras concernentes à segurança, estética e salubridade das edificações e à boa ordem do trânsito (cfr. D. Labetoulle, ob. cit., p. 7), actualmente, com aquele acto, exerce a mesma uma *dupla função*: controla não apenas a observância daquelas e de outras normas respeitantes ao direito da construção, mas também o respeito pelas normas disciplinadoras da ocupação, uso e transfor-

da sistematização do procedimento de acordo com a situação existente: área com plano de pormenor ou alvará de loteamen-

mação do solo, em especial as decorrentes dos planos urbanísticos (cfr. R.-P. Löhr, in Battis/Krautzberger/Löhr, *Baugesetzbuch*, cit., Vorb. §§ 29 bis 38, p. 357; e K. H. Friauf, *Baurecht*, in Besonderes Verwaltungsrecht, org. Ingo von Münch, 7ª ed., Berlin. New Iork, W. de Gruyter, 1985, p. 482).

3. Nos termos do n.º 1 do artigo 1.º do Decreto-Lei n.º 445/91 estão sujeitas a licenciamento municipal "todas as obras de construção civil, designadamente novos edifícios e reconstrução, ampliação, alteração, reparação ou demolição de edificações, e ainda os trabalhos que, não possuindo natureza exclusivamente agrícola, impliquem alteração da topografia local [alínea *a*), na redacção da Lei n.º 29/92], bem como "a utilização de edifícios ou de suas fracções autónomas, bem como as respectivas alterações" [alínea *b*)]. De acordo com o artigo 2.º daquele diploma legal, a competência para conferir a "licença de construção", referida na alínea *a*) do n.º 1 do artigo 1.º, pertence à câmara municipal (n.º 1), ao passo que a competência para atribuir a "licença de utilização", constante da alínea *b*) do n.º 1 do artigo 1.º, é cometida ao presidente da câmara municipal (n.º 2).

O n.º 2 do artigo 1.º do Decreto-Lei n.º 445/91 estabelece o princípio segundo o qual o licenciamento engloba a totalidade da obra a executar – sem prejuízo de a execução da obra poder ser faseada (artigo 1.º, n.º 3) – e determina que não pode ter início qualquer tipo de trabalho sem a aprovação do projecto de arquitectura. Este acto de aprovação funciona, assim, como *pressuposto* da "licença de construção" e, sendo caso disso, da "licença de utilização".

Recolhendo-nos novamente ao âmbito de aplicação da licença de obras, a que se refere a alínea a) do n.º 1 do artigo 1.º do diploma que vimos seguindo, começar-se-á por referir que este preceito enuncia o princípio geral da sujeição a licenciamento municipal de "todas as obras de construção civil" – as quais podem ser definidas como "conjuntos erigidos pelo homem, com quaisquer materiais, reunidos e ligados artificialmente ao solo ou a um imóvel com carácter de permanência, com individualidade própria e distinta dos seus elementos" (cfr. A. Pereira da Costa, ob. cit., p. 25) –, contendo de seguida um *numerus apertus* (como resulta claramente do advérbio *designadamente*) de exemplos de actividades subordinadas à obtenção prévia de licença, pelo que, como refere T.-Ramón Fernández, para além delas, "é possível acrescentar quaisquer outras imagináveis, sempre que impliquem um uso urbanístico do solo, quer dizer, um uso artificial distinto do mero uso natural (agrícola) de que todo o terreno é susceptível" (cfr. ob. cit., p. 216).

Do elenco exemplificativo referido na alínea *a*) do n.º 1 do artigo 1.º, fazem parte:

a) A construção de "novos edifícios", isto é, de prédios urbanos destinados a uso dos homens (cfr. Pires de Lima/Antunes Varela, *Código Civil Anotado*, Vol.III, 2ª ed., Coimbra, Coimbra Editora, 1987, p. 213), para fins de habitação ou outros (cfr. J. Morand-Deviller, *Droit de l'Urbanisme*, cit., p. 123; P. Gérard, ob cit., p. 87; e H. Jacquot, *Permis de Construire, Généralités, Champ d'Application, in* Urbanisme, cit., p. 604). Pode afirmar-se que a licença para a implantação de novos edifícios constitui a licença de construção por antonomásia.

b) A reconstrução de edificações, isto é, operações materiais traduzidas em construir de novo o que já existia, em termos de o prédio reconstruído continuar a ser o mesmo, com a mesma área, estrutura e forma, ainda que, eventualmente, com materiais diferentes (cfr. A. Pereira da Costa, ob. cit., p. 26).

c) A ampliação, alteração e reparação de edificações, ou seja, obras de modificação de edifícios existentes, que consistem no aumento da área de construção (em altura ou em extensão), na reforma da sua estrutura ou do seu aspecto exterior ou na realização de benfeitorias que obstaculizem a deterioração do imóvel, de modo a que a edificação mantenha um estado de conservação compatível com o uso a que se destina (cfr. J. González Pérez, ob. cit., p. 1682,1683; H. Jacquot, ob. cit., p. 605; e A. Pereira da Costa, ob. cit., p. 26, 27). Em todos estes casos, as obras hão-de implicar modificação da estrutura das fachadas, da forma dos telhados e da natureza e da cor dos materiais de revestimentos exteriores, pois, de outro modo, estar-se-á perante obras de simples conservação, restauro, reparação ou limpeza, as quais, por força da alínea *a*) do n.º 1 do artigo 3.º do Decreto-Lei n.º 445/91, não estão sujeitas a licenciamento municipal.

d) A demolição de edificações, isto é, acções que têm como resultado a destruição de edifícios existentes. Com a licença de demolição – a qual goza de total autonomia em relação à licença de construção, em termos de a licença de construção de um novo edifício num terreno ocupado por uma edificação não implicar automaticamente a outorga da licença de demolição (cfr. J. González Pérez, ob. cit., p. 1685; T.-Rámon Fernández, ob. cit., p. 220; e A. Pereira da Costa, ob. cit., p. 27) – pretende-se tutelar não apenas os direitos dos arrendatários – no caso de o imóvel que se pretende derrubar estar arrendado –, mas também salvaguardar o interesse histórico, cultural ou artístico do património edificado, e, bem assim, impedir a desertificação do coração das cidades, obstando à demolição sistemática de habitações no centro das cidades e à sua substituição por estabelecimentos comerciais e escritórios (cfr. T.-Ramón Fernández, ob. cit., p. 218,219; H. Jacquot, *Permis de Démolir*, in Urbanisme, cit., p. 655; J. González Pérez, ob. cit., p. 1684-1686; e os artigos 36.º a 38.º do Decreto-Lei n.º 794/76, de 5 de Novembro, onde se estabelecem restrições à demolição de edifícios destinados à habitação).

A licença de demolição não é exigida quer para as demolições efectuadas em execução de uma decisão judicial, quer para aquelas que se seguem a uma ordem administrativa de demolição, no caso de um prédio ameaçar ruína ou na hipótese de a edificação ter sido realizada sem licença ou com inobservância das condições dela constantes, dos regulamentos, das posturas municipais ou de medidas preventivas, de normas provisórias, de áreas de construção prioritária, de áreas de desenvolvimento urbano prioritário e de planos municipais de ordenamento do território plenamente eficazes [cfr. o artigo 53.º, n.º 2, alínea *l*), do Decreto-Lei n.º 100/84, de 29 de Março, na redacção da Lei n.º 18/91, de 12 de Junho,e o artigo 26.º, n.º 2, do Decreto-Lei n.º 69/90, de 2 de Março]. Quando um imóvel ameaçar ruína e, na ausência de uma ordem administrativa de demolição, o proprietário solicitar uma licença de demolição, não pode esta ser-lhe recusada, se a demolição for o único meio de pôr fim à situação de ruína iminente (cfr. H. Jacquot, *Permis de Démolir*, cit., p. 654,655; e J. González Pérez, ob. cit., p. 1684).

e) Os trabalhos que, não possuindo natureza exclusivamente agrícola, impliquem alteração da topografia local. Com esta expressão,cuja fonte se encontra no artigo 1º do Regulamento Geral das Edificações Urbanas e no artigo 1º, n.º 1, alínea *a*), do Decreto-Lei n.º 166/70, visa-se colocar sob controlo das câmaras municipais todos os trabalhos de escavação e aterro que, não sendo realizados para fins exclusivamente agrícolas, tenham como consequência a alteração da topografia local, evitando-se, assim, "que livremente se modifiquem, em locais naturalmente destinados à construção urbana, as condições de edificabilidade ou a estética dessas zonas" [cfr. o *Parecer da Câmara Corporativa* n.º 20 V (*Regulamento Geral das Edificações*), *in* Pareceres da Câmara Corporativa, V Legislatura, Ano de 1951, Vol. II, p. 137,138].

Ressalta da alínea a) do n.º 1 do artigo 1º do Decreto-Lei n.º 445/91 que, sob o ponto de vista territorial, o licenciamento de obras tem um *carácter absolutamente geral*, no sentido de que aquele é exigido na totalidade do território de todos os municípios, tanto nas zonas urbanas, como rurais e quer aqueles estejam ou não dotados de planos municipais de ordenamento do território. Vigora, assim, entre nós, sem qualquer excepção, o princípio da *universalidade objectiva territorial* do licenciamento municipal de obras (cfr. M. Neves Pereira, *Vinculação Urbanística da Propriedade Privada*, polic., Coimbra, 1991, p. 189,190), tendo a norma citada do Decreto-Lei n.º 445/91 eliminado as limitações a este princípio que constavam dos artigos 1.º e 2.º do Regulamento Geral das Edificações Urbanas e do artigo 1.º, n.º 1, do Decreto-Lei n.º 166/70. Também sob o ponto de vista material, ou seja, das obras sujeitas a licenciamento, vigora tendencialmente, no nosso país, o princípio da *universalidade objectiva material* (cfr. M. Neves Pereira, ob. cit., p. 190,191), uma vez que estão sujeitas a controlo prévio todas as *obras de construção civil*, com excepção apenas das "obras de simples conservação, restauro, reparação ou limpeza, quando não impliquem modificação da estrutura das fachadas, da forma dos telhados, da natureza e da cor dos materiais de revestimentos exteriores" (artigo 3.º, n.º 1, alínea *a*), do Decreto-Lei n.º 445/91. Já no que respeita às pessoas sobre as quais recai o dever de solicitar a "licença de construção", não se pode afirmar, com rigor, a existência do princípio da *universalidade subjectiva* (cfr. M. Neves Pereira, ob. cit., p. 191), dado que as alíneas *b*) a *f*) do artigo 3º do Decreto-Lei n.º 445/91 referem um conjunto de entidades que não estão submetidas à obrigação de solicitar a "licença de construção".

A alínea *b*) do n.º 1 do artigo 1.º do diploma reformador do regime de licenciamento de obras particulares determina que estão sujeitas a licença "a utilização de edifícios ou de suas fracções autónomas, bem como as respectivas alterações". A "licença de utilização" é exigida para a primeira utilização dos edifícios, na sequência da construção de edifícios novos, da reconstrução ou da reparação, ampliação ou alteração de edificações existentes (artigo 26.º, n.º 1), e destina-se a comprovar, na sequência de vistoria (artigo 27.º), a conformidade da obra concluída com o projecto aprovado e condicionamentos do licenciamento e com o uso previsto no alvará de licença de construção (artigo 26.º, n.º 2). Mas a mesma é igualmente exigida nos casos de alteração ao uso fixado em alvará de licença de utilização (artigo 30.º), com a finalidade de impedir que, através da modificação objectiva do uso (v.g. abertura de um estabelecimento comercial ou industrial num edifício destinado a habitação), sejam defraudadas as regras respeitantes à natureza ou à densidade das construções admitidas numa zona determinada [cfr. H. Perinet-Marquet, *Les Problèmes Actuels de la Demande de Permis de Construire*, in Droit et Ville, 32 (1991), p. 50-53; H. Jacquot, *Permis de Construire*, cit., p. 605; e J. González Pérez, ob. cit., p. 1689,1690].

Tendo em conta a referida finalidade da "licença de utilização", será de entender que não estão sujeitas a licença municipal de utilização as edificações isentas de licenciamento municipal referidas no artigo 3.º, n.º 1, do Decreto-Lei n.º 445/91, as habitações construídas em terrenos do IGAPHE, no âmbito do Programa de Construção de Habitações Económicas, aprovado pelo Decreto-Lei n.º 164/93, de 7 de Maio, cuja licença de utilização é da competência daquele instituto público (artigo 2.º, n.º 2, do Decreto-Lei n.º 272/93, de 4 de Agosto), e, bem assim, os edifícios necessários à realização da EXPO 98, cuja instalação ou promoção seja da responsabilidade da sociedade Parque EXPO 98, S.A., e que constem dos planos de pormenor elaborados por aquela sociedade e aprovados pelo Ministro das Obras Públicas, Transportes e Comunicações (artigo 3.º, n.ºs 1 e 2, do Decreto-Lei n.º 354/93, de 9 de Outubro).

O artigo 3º do Decreto-Lei n.º 445/91 enumera, como já referimos, um conjunto de obras que escapam ao licenciamento municipal. Para além das anteriormente mencionadas obras de pequena envergadura realizadas nos edifícios [n.º 1, alínea *a*)], estão isentas de licenciamento municipal as obras da responsabilidade de algumas entidades. São elas: as obras da iniciativa das autarquias locais [n.º 1, alínea *b*)], devendo, porém, os projectos destas obras ser submetidos a prévia aprovação da câmara municipal (artigo 3º, n.º 2); as obras promovidas pela administração directa do Estado [n.º 1, alínea *c*)]; as obras promovidas pelos institutos públicos que tenham como atribuições específicas a promoção e gestão do parque habitacional, de construções e edificações do Estado [n.º 1, alínea *d*)]; as obras e trabalhos promovidos pela administração indirecta do Estado nas áreas de jurisdição portuária e no domínio público ferroviário e aeroportuário directamente relacionados com a respectiva actividade [n.º 1, alínea e)]; e as obras e trabalhos promovidos pelas entidades concessionárias de serviços públicos ou equiparados indispensáveis à execução do respectivo contrato de concessão [n.º 1, alínea f)]. Nos termos do n.º 3º, os projectos de obras a que se referem as alíneas c), d), e) e f) do n.º 1 são submetidos a parecer não vinculativo da câmara municipal, que se deve pronunciar no prazo de 30 dias.

Para além das apontadas, estão também isentas de licenciamento municipal as obras de construção civil em terrenos do IGAPHE, ainda que realizadas por particulares, no âmbito do Programa de Construção de Habitações Económicas, aprovado pelo Decreto-Lei n.º 164/93, de 7 de Maio (artigo 2º, n.º 1, do Decreto-Lei n.º 272/93, de 4 de Agosto), bem como quaisquer obras, instalações ou equipamentos necessários à realização da EXPO 98, cuja instalação ou promoção seja da responsabilidade da sociedade Parque EXPO 98, S.A., e que constem dos planos de pormenor elaborados por aquela sociedade e aprovados pelo Ministro das Obras Públicas, Transportes e Comunicações (artigo 3.º, n.ºs 1 e 2, do citado Decreto-Lei n.º 354/93).

A actual redacção do artigo 3º do Decreto-Lei n.º 445/91 foi introduzida pela Lei n.º 29/92, de 5 de Setembro, que alterou, por ratificação, alguns preceitos daquele diploma governamental. As modificações incorporadas naquele dispositivo consistiram, por um lado, na redução das obras promovidas pela administração indirecta do Estado isentas de licenciamento municipal – não as obras promovidas por toda a administração indirecta do Estado, como sucedia no texto inicial do preceito, mas apenas as referidas nas alíneas d) e e) do n.º 1 do artigo 3º – e, por outro lado, no acrescento ao elenco das isenções de licenciamento municipal das obras e trabalhos promovidos pelas entidades concessionárias de serviços públicos ou equiparados indispensáveis à execução do respectivo contrato de concessão [n.º 1, alínea f)].

Atente-se que as alíneas b) a f) do n.º 1 do artigo 3º referem-se a obras promovidas pelas entidades aí referidas, pelo que abrangem tanto as obras realizadas directamente por aquelas entidades, como as realizadas mediante contrato administrativo.

A dispensa de licenciamento municipal das obras promovidas pela administração directa do Estado, pelos entes públicos integrantes da administração indirecta do Estado referidos no artigo 3°, n.° 1, alíneas *d*) e *e*), e, bem assim, pelas entidades concessionárias de serviços públicos ou equiparados, nos termos da alínea *f*) do n.° 1 do mesmo preceito, e a sujeição dos respectivos projectos apenas a parecer não vinculativo da câmara municipal, de acordo com o n.° 3 do artigo 3°, foram objecto de acesa controvérsia, aquando do debate parlamentar conducente à ratificação do Decreto-Lei n.° 445/91 (cfr. *Diários da Assembleia da República*, I Série, n.° 54, de 27 de Abril de 1992, p. 1707 ss., e n.° 91, de 18 de Julho de 1992, p. 2994, 3011-3014), não obstante ter sido reconhecido o carácter altamente positivo das alterações introduzidas no n.° 1 daquele artigo 3° pela Assembleia da República, as quais se cifraram, como já salientámos, na eliminação da regra da subtracção a licenciamento municipal de todas as obras da administração indirecta do Estado, passando a isenção a abranger apenas as obras taxativamente indicadas nas alíneas *d*) a *f*) do n.° 1 do referido artigo.

Os traços gerais daquela discussão parlamentar não diferem substancialmente dos apontados a propósito da ratificação do Decreto-Lei n.° 448//91 (cfr. *supra*, nota 59). As reservas por nós avançadas às soluções constantes da segunda parte do n.° 2 e do n.° 3 do artigo 1° e do artigo 65° do Decreto-Lei n.° 448/91 são extensíveis, *mutatis mutandis*, às consagradas nas alíneas *c*) a *f*) do n.° 1 e do n.° 3 do artigo 3° do Decreto-Lei n.° 445/91. De igual modo, os fundamentos justificativos da não inconstitucionalidade daquelas normas do diploma condensador do regime jurídico dos loteamentos urbanos podem ser globalmente transferidos para as normas que estabelecem a isenção do licenciamento municipal de obras [cfr. o citado Acórdão do TC n.° 432/93, que, ao analisar a questão da inconstitucionalidade da norma do n.° 1 do artigo 2° do Decreto do Conselho de Ministros n.° 264/93 – diploma de que veio a emergir o Decreto-Lei n.° 272/93, de 4 de Agosto – considerou implicitamente não inconstitucional a norma da alínea d) do n.° 1 do artigo 3° do Decreto-Lei n.° 445/91].

Sobre este ponto específico da dispensa de licenciamento municipal de obras, importa acrescentar duas notas: uma de natureza histórica e outra de índole jurídico-comparatista. A primeira tem a ver com a circunstância de, no regime anterior ao do Decreto-Lei n.° 445/91, definido no artigo 2°, n.ºs 1 e 2, do Decreto-Lei n.° 166/70 e no artigo 14° do Regulamento Geral das Edificações Urbanas, só estarem dispensadas de licenciamento municipal "as obras da iniciativa dos serviços do Estado ou de empresas ferroviárias, bem como as obras a executar por particulares em zonas de jurisdição portuária". No entanto, os projectos daquelas obras, salvo quando se tratasse de obras em monumentos ou palácios nacionais, deviam ser submetidos a prévia aprovação da câmara municipal, "a fim de se verificar a sua conformidade com o plano ou anteplano de urbanização e com as prescrições regulamentares aplicáveis" (artigo 2°, n.°2, do Decreto-Lei n.° 166/70). Consagrava-se naqueles preceitos uma distinção clara entre "licenciamento municipal" de obras e "aprovação municipal" de projectos de obras, determinando-se que a dispensa daquele não implicava a dispensa desta. Hoje, diferentemente, as obras referidas nas alíneas c) a f) do n.° 1 do artigo 3° do Decreto-Lei n.° 445/91 estão isentas de licenciamento municipal, e, além disso, os respectivos projectos não estão sujeitos a aprovação da câmara municipal – estão apenas, como se referiu, sujeitos a parecer não vinculativo deste órgão. A não sujeição dos projectos das obras referidas nas alíneas c) a f) do n.° 1 do artigo 3° do Decreto-Lei n.° 445/91 a aprovação da câmara municipal não significa, de modo algum, e à semelhança do que dissemos a propósito dos projectos de operações de loteamento e de obras de urbanização aprovados pelo Governo, que o órgão competente para a sua aprovação esteja desvinculado da observância das disposições legais e regulamentares aplicáveis, designadamente das constantes dos planos urbanísticos municipais, dado que estes obrigam todas as entidades públicas e privadas. São, por isso, nulos os actos de aprovação de projectos de obras isentos de licenciamento municipal que violem o disposto em plano regional de ordenamento do território, plano municipal de ordenamento do território, normas provisórias, área de desenvolvimento urbano prioritário e área de construção prioritária ou alvará de loteamento, nos termos do artigo 52°, n.° 1, alínea b), do Decreto-Lei n.° 445/91, estando as obras referidas nas alíneas d) a f) do n.° 1 do artigo 3° – já não as obras promovidas pela administração directa do Estado [alínea c)] –, desde que executadas ilegalmente, sujeitas aos poderes de embargo e de demolição dos presidentes das câmaras municipais (artigos 57° e 58°).

A segunda nota refere-se à comparação do regime de dispensa de licenciamento municipal de obras, constante do artigo 3° do Decreto-Lei n.° 445/ /91, com as soluções consagradas nos ordenamentos jurídico-urbanísticos de alguns países da europa comunitária. Assim, no direito francês, o artigo

L.421.1 do *Code de l'Urbanisme* determina que a "licença de construção" (*permis de construire*) é exigida a toda e qualquer pessoa que pretenda implantar ou modificar uma construção, referindo expressamente que "cette obligation s'impose aux services publics et concessionaires de services publics de l'État, des regions, des départements et des communes comme aux personnes privées". Não existe, por isso, em França, salvo raras excepções, designadamente as obras e trabalhos abrangidos pelo segredo da defesa nacional, qualquer distinção em razão da qualidade da pessoa no que tange à exigência da licença de construção (cfr. F. Bouyssou/J.Hugot, *Code de l'Urbanisme*, cit.,p.318-321; H. Jacquot, *Droit de l'Urbanisme*, cit., p. 558, 559, e *Permis de Construire, Géneralités,Champ d'Application*, in Urbanisme, cit., p. 599; G. Liet-Veaux/A.Thuillier,ob. cit., p. 103; D. Labetoulle, ob. cit., p. 38,39; *L'Urbanisme: Pour un Droit Plus Efficace*, Étude du Conseil d'État, La Documentation Française, Paris, 1992, p.97; J. Morand-Deviller, *Droit de l' Urbanisme*, cit., p. 121; J.-P. Lebreton, ob. cit., p. 185,186; e P. Gérard, ob. cit., p. 87).

No direito italiano, o artigo 1º da Lei de 28 de Janeiro de 1977, n.º 10, sujeita a *concessione* da parte do *Sindaco* "toda a actividade que comporte a transformação urbanística e edificatória do território municipal", isto é, todas as acções que se traduzem numa modificação do estado material e da conformação do solo para adaptá-lo a um fim diverso daquele que lhe é próprio, atendendo às suas condições naturais e à sua qualificação jurídica. Ao regime concessório municipal estão sujeitas todas as obras realizadas por pessoas privadas ou por entes públicos – desde que não se trate de construções de *natureza precária*, ou seja, construções que se destinam a satisfazer uma necessidade contingente e sujeitas a remoção logo que seja preenchida essa necessidade transitória, devendo aquela ocorrer num prazo breve –, com excepção das obras relativas à defesa nacional e das realizadas directamente pelo Estado em bens dominiais ou não (cfr. A. Fiale, *Concessioni, Autorizzazioni, Nulla-Osta*, in Manuale di Diritto Urbanistico, a cura di N. Assini, cit., p. 484--487; A. Cutrera, *Concessione Edilizia e Pianificazione Urbanistica*, Milano, Giuffrè, 1977, p. 114-116; e G.C. Mengoli, ob. cit., p. 614,615).

No direito do país vizinho, os artigos 242º e 244º da *Ley del Suelo* (versão de 1992) sujeitam a licença os actos de edificação e uso do solo, qualquer que seja a pessoa que os realize. O artigo 244.º, n.º 1, daquela lei determina expressamente que "os actos relacionados com o artigo 242.º promovidos por órgãos das Administrações públicas ou Entidades de Direito público que administrem bens daquelas estarão igualmente sujeitos a licença municipal" (cfr. J. González Pérez, ob. cit., p. 1785 ss.). Este princípio suporta, porém, algumas atenuações em certos casos de obras ou actividades a cargo de entes públicos, "quando razões de urgência ou excepcional interesse público o exijam", prevendo os n.ºs 2 a 5 do artigo 244º da *Ley del Suelo* espanhola um mecanismo específico de superação dos conflitos surgidos entre o município, por um lado, e o Estado e as Comunidades Autónomas, por outro lado, a propósito de obras promovidas por órgãos destes últimos ou por entidades públicas deles dependentes. Na verdade, quando razões de urgência ou excepcional interesse público o exigirem, o Ministro competente em razão da matéria poderá remeter ao município respectivo o projecto de obras, "a fim de que este, no prazo de um mês, notifique a conformidade ou desconformidade do mesmo com o planeamento urbanístico em vigor". No caso de desconformidade declarada pelo município, o processo é remetido pelo departamento interessado ao Ministro das Obras Públicas e Transportes, que o levará ao Conselho de Ministros, a fim de este deliberar sobre a execução do projecto, ordenando, em caso afirmativo, o início do procedimento de modificação ou revisão do planeamento, de acordo com a tramitação estabelecida na legislação urbanística (artigo 244º, n.º 2). Com este reajustamento do planeamento, não se pretende, como salienta T.-Ramón Fernández, "salvar a cara" ou "guardar as formas", legalizando *a posteriori* uma obra ilegal, mas algo objectivamente muito importante, que "é assegurar a correcta inserção da obra que o interesse público torna inevitável no contexto do ordenamento territorial, que essa obra pode alterar substancialmente" (cfr. ob. cit., p. 223). Os poderes que o artigo 244º, n.º 2, da *Ley del Suelo* confere aos órgãos da Administração do Estado são também cometidos aos órgãos das Comunidades Autónomas, sempre que o conflito se suscite a propósito das obras promovidas pelos órgãos destas ou por entidades públicas deles dependentes (artigo 244º, n.º 5). As obras promovidas por órgãos das Administrações Públicas executadas "na ausência ou em contradição com a notificação de conformidade com o planeamento e antes da decisão de execução da obra adoptada pelo Conselho de Ministros" ou pelo Governo da Comunidade Autónoma podem ser suspensas pelo município, desde que não se trate de obras que afectem directamente a defesa nacional, sendo a suspensão comunicada ao órgão que aprovou o projecto e ao Ministro das

Obras Públicas e Transportes ou ao Conselheiro da respectiva Comunidade Autónoma (artigo 244°, n.ºs 3 e 4). Cfr. J. González Pérez, ob. cit., p. 1791-1795.

Finalmente, no direito alemão, todos os projectos relacionados com a implantação de construções, a sua modificação substancial e a alteração da sua utilização estão sujeitos a uma autorização de construção (*Baugenehmigung*), da competência de uma autoridade estatal, designada *Baugenehmigungsbehörde* ou *Bauaufsichtsbehörde* (cfr. Werner/Pastor/ /Müller, ob. cit., p. 112). No procedimento de autorização de construção – que é disciplinado em regulamentos de construção dos Estados Federados (*Landesbauordnungen*) – verifica aquele órgão se os projectos são admissíveis, sob o ponto de visto do direito da planificação urbanística e, bem assim, se eles respeitam as regras jurídicas e técnicas da construção (cfr. Werner/Pastor/Müller, ob. cit., p. 126,127; Gelzer/Birk, ob. cit., p. 203; e V. Piltz, ob. cit., p. 72). Nos termos do § 36, n.º 1, do *Baugesetzbuch*, o órgão com poderes de controlo da actividade de construção não pode autorizar os projectos de construção (*Vorhaben*) sem a concordância dos municípios, com excepção dos casos em que aqueles caiam no âmbito de aplicação do § 30, n.º 1, do *Baugesetzbuch* (cfr. H. Dürr, *in* Brügelmann, *Baugesetzbuch Kommentar*, Vol.II, Stuttgart, Kohlhammer, § 36, p. 5-12; M. Krautzberger, in Battis/Krautzberger/Löhr, ob. cit., § 36, p. 535-540; G. Gaentzsch, ob. cit., p. 333-335; G. Schmidt-Eichstaedt, *Einführung in das neue Städtebaurecht*, Stuttgart, Kohlhammer, 1987, p. 196; e Werner/Pastor, ob. cit., p. 127). Também os projectos de obras da Federação e dos *Länder* estão sujeitos a autorização ou licença de construção. Mas o § 37 do *Baugesetzbuch* contém um sistema específico de autorização dos projectos de obras da Federação e dos *Länder*, cuja execução seja exigida por um *fim público especial*, sempre que eles não se conformem com os preceitos do Código do Urbanismo ou com os preceitos emanados com base neste código ou sobre os quais não tenha sido alcançado o acordo do município (cfr. G. Gaentzsch, ob. cit., p. 336-340; M. Krautzberger, in Battis/ /Krautzberger/Löhr, ob. cit., § 37, p. 540-544; e H. Dürr, *in* Brügelmann,ob. cit., § 37, p. 3-23).

    4. Não é este o local apropriado para discutir (ou rediscutir) a questão da *natureza jurídica* da "licença de construção" – saber, ao cabo e ao resto, se esta é uma simples *autorização permissiva* ou antes uma *autorização constitutiva de direitos* –, já que ela levar-nos-ia para paragens bem

longínquas, como sejam a da relação entre o *jus aedificandi* e a disciplina jurídica urbanística, em especial o plano urbanístico, e a da consideração ou não da faculdade de edificar como uma componente essencial do direito de propriedade do solo (cfr., sobre esta problemática, a nossa obra *O Plano Urbanístico*, cit., p. 348 ss.). Parece-nos mais útil epitomar, em palavras breves, as *principais características* da "licença de construção". São elas:

a) O carácter *real*. Com esta expressão, quer significar-se que a "licença de construção" é conferida em função das regras aplicáveis ao terreno e ao projecto de construção, abstraindo das circunstâncias pessoais do sujeito que a requer. A consequência mais importante desta característica é a possibilidade da transferência da licença de construção para um terceiro, por acto entre vivos ou por sucessão, juntamente com o terreno, sem que seja necessária a atribuição de uma nova licença. Para que a transferência da "licença de construção" acompanhe a transferência do terreno, a lei apenas exige (artigo 14°, n.° 3, do Decreto-Lei n.° 445/91) que o adquirente faça prova desta sua posição jurídica junto da câmara municipal, para que esta proceda ao averbamento da substituição (cfr. Sofia Abreu, *Obras de Construção e o Seu Licenciamento, in* Direito do Urbanismo, coord. D. Freitas do Amaral, cit., p. 423; R. Entrena/Cuesta, *Licencias Urbanisticas, Discrecionalidad Administrativa,* in Derecho Urbanistico Local, coord. J.M. Boquera Oliver, Madrid, Civitas, 1992, p. 353; T.-Ramón Fernández, ob. cit., p. 211, 212; H. Jacquot, *Droit de l'Urbanisme,* cit., p. 560, 604; G. Liet-Veaux /A.Thuillier, ob. cit., p. 100; J. Morand-Deviller, *Droit de l' Urbanisme,* cit., p. 120; e A. Fiale, ob. cit., p. 536, 537). Note-se que, nos termos da alínea *m)* do n.° 1 do artigo 54° do Decreto-Lei n.° 445/91, a ausência de requerimento a solicitar à câmara municipal o averbamento de substituição do requerente da "licença de construção" constitui contra-ordenação.

b) A *submissão exclusiva* a regras de direito do urbanismo. Quer isto dizer que a "licença de construção" não é um instrumento adequado para verificar o respeito de situações jurídico-privadas, cuja definição não cabe à Administração Pública, mas sim aos tribunais. Daí que se afirme, no direito francês, que a licença de construção é sempre concedida *"sous réserve du droit des tiers"* (cfr. J. Morand-Deviller, *Droit de l'Urbanisme,* cit., p. 120; H. Jacquot, *Permis de Construire, Généralités, Champ d'Application,* cit., p. 600; e D. Moreno, *Le Juge Judiciaire et le Droit de l'Urbanisme,* Paris, L.G.D.J., 1991, p. 70, 71) e, no direito espanhol, que aquela é atribuída "salvo o direito de propriedade e sem prejuízo do de terceiro" (cfr. J. González Pérez, ob. cit., p. 1672). T.-Ramón Fernández refere, a este propósito, "que a Administração declara-se estritamente neutral no que respeita aos eventuais conflitos de todo o tipo que possam ter lugar entre o peticionário da licença e terceiras pessoas, tanto no que se refere à propriedade dos terrenos, como no concernente a quaisquer outras consequências que possam resultar da actividade autorizada na ordem privada" (cfr. *ob. cit.*, p. 215).

Também, entre nós, se entende que, ao emitir as "licenças de construção", as câmaras municipais têm apenas de "assegurar os interesses gerais e prevenir os danos sociais, especialmente os referentes à segurança, salubridade e estética das edificações e à observância dos planos de urbanização", não tendo que se preocupar com a presumível violação dos interesses ou direitos de terceiros [cfr. o Acórdão do STA (1ª Secção), de 11 de Dezembro de 1964, *in Acórdãos Doutrinais do Suprem* Tribunal Administrativo, n.º 40 (1965), p. 458-463].

Da característica apontada da "licença de construção" resulta que o controlo feito pelo presidente da câmara municipal da legitimidade do requerente do pedido de licenciamento é de índole meramente formal, sendo rejeitado liminarmente o pedido apenas quando não for apresentado documento comprovativo da qualidade de proprietário, usufrutuário, locatário, titular do direito de uso e habitação, superficiário ou mandatário ou quando for patente e manifesto que o requerente não é titular do direito que invoca [artigos 14.º, n.º 1, 15.º, n.º 1, alínea a), e 16º do Decreto-Lei n.º 445/91].

c) O carácter *federador*. O sentido desta expressão é o de que a "licença de construção" pretende ser uma *síntese* de todas as autorizações e aprovações exigidas por lei para cada um dos projectos de construção. É esta característica que justifica a necessidade de a câmara municipal consultar sobre o projecto de arquitectura as entidades cujos pareceres, autorizações ou aprovações sejam legalmente exigíveis (artigos 18.º, 35.º, 39.º, 45.º e 52.º do Decreto-Lei n.º 445/91).

Esta característica apresenta, no entanto, algumas brechas. Assim, alguns projectos de obras carecem de aprovação da administração central, que deve preceder a aprovação da câmara municipal, e que mantém autonomia em relação a esta (artigo 48.º). Noutros casos, é exigida para certas obras uma autorização prévia de localização da administração central (artigo 49.º), independentemente do licenciamento municipal.

Além disso, legislação especial exige uma licença de funcionamento de alguns estabelecimentos, da competência da administração central, de par com o alvará de licença de utilização emitido pela câmara municipal (artigo 50º).

Em face destes desvios à natureza *federadora* ou de *concentração* da "licença de construção", parece mais rigoroso falar na existência de um *princípio de coordenação* da emissão da "licença de construção" e de outras autorizações da administração central respeitantes à construção (cfr. H. Jacquot, *Droit de l'Urbanisme*, cit., p. 559, 560; J. Morand-Deviller, *Droit de l'Urbanisme*, cit, p. 121; e L. Veaux/A. Thuillier, ob. cit., p. 99).

d) A *irrevogabilidade*. Como acto constitutivo de direitos, a licença de construção emitida validamente é irrevogável [artigo 140º, n.º1, alínea *b*), do Código do Procedimento Administrativo] e, no caso de enfermar de invalidade [tratando-se de anulabilidade, e não já de nulidade, pois, não tendo as actos nulos produzido quaisquer efeitos jurídicos, são eles insusceptíveis de revogação – artigo 139º, n.º 1, alínea *a*), do Código de Procedimento Administrativo], só pode ser revogada com fundamento na sua invalidade e dentro do prazo do respectivo recurso contencioso ou até à resposta da entidade recorrida (artigo 141º daquele Código).

e) O carácter *vinculado*. É frequente, na doutrina e jurisprudência espanholas, afirmar-se que a "licença de construção" é um acto de natureza rigorosamente regulada, um acto que deve ser necessariamente outorgado ou denegado conforme a pretensão requerida se adapte ou não ao ordenamento aplicável, não dispondo a Administração de qualquer poder discricionário ou liberdade de apreciação (cfr. T.-Ramón Fernández, ob. cit., p. 212, 213; J. González Pérez, ob. cit., p. 1690-1692; e R. Entrena Cuesta, ob., cit., p. 352, 353). Na doutrina e jurisprudência italianas, é prevalecente a tese segundo a qual *a concessione* é um "acto devido", quando a obra para a qual é requerida não é incompatível com a lei, com os instrumentos urbanísticos e com o regulamento de construção, tendo a *Corte Costituzionale* italiana, na Sentença n.º 127, de 5 de Maio de 1983, referido expressamente que a concessão pela autoridade é *devida*, excluindo-se, por isso, qualquer avaliação discricionária: se a obra de construção civil para a qual se requer a concessão corresponde às previsões dos instrumentos urbanísticos, a autoridade é obrigada a outorgar a concessão (cfr., por todos, A. Fiale, ob. cit., p. 482, 484).

Na doutrina e jurisprudência germânicas, é predominante a opinião de que o proprietário do terreno tem um direito, que resulta da *Baufreiheit* garantida pelo Art. 14 I 1 da *Grundgesetz*, à obtenção de uma autorização de construção, se o projecto não for contrário aos preceitos legais, em especial aos preceitos de direito público, afirmando-se mesmo que uma legislação que remetesse para o poder discricionário da Administração a emissão da autorização de construção seria inconstitucional (cfr., por todos, K. Finkelnburg/M.Ortloff, *Öffentliches Baurecht*, I, 2. Auflage, München, Beck, 1990, p. 13,14; Werner/Pastor/Müller, ob. cit., p. 124, 125; G. Scholz, *Öffentliches Baurecht*, 5. Auflage, München, Vahlen, 1987, p. 5; e Wolff/Bachof, *Verwaltungsrecht* III, 4. Auflage, München, Beck, 1978, p. 168).

No que respeita ao direito português, "a licença de construção" é considerada por alguns autores como uma autorização vinculada (cfr. M. Neves Pereira, ob. cit., p. 184,185), em relação à qual a Administração não goza de poderes discricionários, sendo obrigada a emitir a licença se o projecto estiver conforme à lei (cfr. A. Pereira da Costa, ob. cit., p. 29).

A nossa opinião é a de que o *carácter vinculado* ou *regulado* da licença de construção deve ser entendido em termos mais limitados do que os acima expostos. Ele significa apenas que a câmara municipal está vinculada aos fundamentos de indeferimento do pedido de licenciamento enumerados na lei, estando-lhe vedado rejeitar um pedido por fundamentos diversos dos dela constantes (artigo 63º do Decreto-Lei n.º 445/91), e não a exclusão de toda a margem de discricionariedade por parte daquele órgão.

O reconhecimento à câmara municipal de um certo espaço de discricionariedade na apreciação dos pedidos de licenciamento de obras deve ser admitido nos casos dos fundamentos de indeferimento referidos na alínea *d*) do n.º 1 daquele artigo 63º, na qual são utilizados "conceitos imprecisos – tipo" ("trabalhos susceptíveis de manifestamente afectarem a estética das povoações ou a beleza das paisagens"), e no n.º 2 do mesmo preceito, onde se utiliza o conceito de "pode" ("o pedido de licenciamento pode ainda ser indeferido na ausência de arruamentos e de proposta eficaz de construção de infra-estruturas de abastecimento de água e saneamento ou se a pretensão constituir, comprovadamente, uma sobrecarga incomportável para as infra-estruturas existentes"). Refira-se, por fim, que a margem de discricionariedade acabada de assinalar detida pela câmara municipal no momento da aprovação dos projectos de obras e da emissão da licença de construção é maior nos casos em que inexista qualquer plano municipal de ordenamento do território, reduzindo-se progressivamente conforme a área a

to, área com plano de urbanização, área com plano director municipal e área não abrangida por plano municipal de ordenamento do território ([75]).

c) A previsão de duas novas figuras jurídicas: "o certificado de conformidade do projecto" ([76]) e "o pedido de informação prévia" ([77]).

---

ocupar com a construção esteja coberta por plano director municipal, plano de urbanização e plano de pormenor ou alvará de loteamento (comparem-se, para o efeito, os artigos 17.º, n.º 1, 36.º, n.º 1, 41.º, n.º 1, e 47.º, n.º 1, do Decreto-Lei n.º 445/91). Na verdade, não se pode olvidar que o licenciamento municipal de obras deve ser enquadrado no âmbito do procedimento de planificação do território, do qual a "licença de construção" constitui o acto terminal, e que, à medida que se desce na escala hierárquica dos planos urbanísticos, mais concretas se apresentam as opções adoptadas pelos municípios quanto à ocupação, uso e transformação do solo, pelo que, correlativamente, cada vez mais restritos se apresentam os poderes de apreciação do órgão que emite a licença de construção (cfr. A. Cutrera, ob. cit., p. 204, 205; e A. Fiale, ob. cit., p. 482-484).

([75]) Pode afirmar-se, em traços gerais, que o procedimento administrativo do licenciamento municipal de obras é progressivamente mais *demorado* (comparem-se os artigos 19º, 36º, n.ºs 2 a 5, 41º, n.ºs 2 a 5, e 47º, n.ºs 2 a 5) e *complexo* (confrontem-se, por exemplo, os artigos 11º e 43º) e os *poderes de apreciação* da câmara municipal são gradualmente mais amplos (podem cotejar-se os artigos 17.º, n.º 1, 36.º, n.º 1, 41º., n.º 1, e 47.º, n.º 1), à medida que se caminha da situação em que a área onde se pretende implantar a construção está abrangida por plano de pormenor ou alvará de loteamento para aquelas em que a mesma está coberta por um plano de urbanização, se encontra no âmbito territorial de aplicação de um plano director municipal ou não é abarcada por qualquer plano municipal de ordenamento do território [cfr. D. Freitas do Amaral, *Direito do Urbanismo* (Sumários), cit., p. 129-132].

([76]) O *certificado de conformidade do projecto* é um documento de instrução do procedimento de licenciamento, emitido por entidades de reconhecida idoneidade técnica (artigo 5º, n.º 1), que pode ser junto a certos tipos de pedidos de licenciamento, cuja determinação é feita, em deliberação genérica, pelas câmaras municipais (artigo 5º, n.º 5), e que se destina a comprovar o cumprimento das disposições legais e regulamentares na elaboração do projecto, nomeadamente dos instrumentos de planeamento

d) A fixação de um acervo de condutas a cargo do requerente e do beneficiário do licenciamento de obras, assumindo

territorial e das servidões administrativas e restrições de utilidade pública, bem como a correcta inserção da construção no ambiente urbano e na paisagem (artigo 5.º, n.º 2). Serão definidos por decreto-lei, ainda a publicar, os requisitos a que deve obedecer a elaboração do certificado de conformidade, a forma de reconhecimento das entidades habilitadas a proceder à sua emissão e as obrigações que incidem sobre os respectivos autores (artigo 5.º, n.º 4).

A apresentação do certificado de conformidade tem como efeitos a dispensa da intervenção dos serviços técnicos municipais na análise dos projectos de obras, a redução para metade dos prazos para deliberação final da câmara municipal e a dispensa da apresentação do termo de responsabilidade pelos autores dos projectos (artigos 5º, n.º 3, e 6º, n.º 4) – documento este que, de acordo com os n.ᵒˢ 1 e 2 do artigo 6º, deve instruir, por via de regra, o pedido de licenciamento e no qual os autores dos projectos declaram que nestes foram observadas as normas técnicas gerais e específicas da construção, bem como as disposições legais e regulamentares aplicáveis a cada um dos projectos apresentados, e ainda as disposições dos planos urbanísticos ou alvarás de loteamento, válidos nos termos da lei (cuja entrega dispensa a câmara municipal de um controlo minucioso da observância das *normas técnicas respeitantes à construção*, constantes do Regulamento Geral das Edificações Urbanas e dos regulamentos municipais de construção, permitindo-lhe concentrar-se primordialmente sobre a análise da observância das normas respeitantes à ocupação do solo – cfr. Sofia Abreu, ob. cit., p. 424).

Repare-se que a nossa figura jurídica do *certificado de conformidade do projecto* nada tem de comum com o *certificat de conformité*, previsto no artigo L. 460.2 do *Code de l'Urbanisme* francês, que consiste num documento que atesta, uma vez concluídos os trabalhos, a conformidade destes com a licença de construção (cfr. S. Perignon, *Certificat de Conformité, in* Urbanisme, cit., p. 112-115; F. Bouyssou/J.Hugot, *Code de l'Urbanisme*, cit., p. 362; e H. Jacquot, *Droit de l'Urbanisme*, cit., p. 606-609).

([77]) O *pedido de informação prévia* é uma faculdade reconhecida a qualquer interessado com legitimidade para solicitar a autorização de construção (proprietário, usufrutuário, locatário, titular do direito de uso e habitação, superficiário ou mandatário) de requerer à câmara municipal informação sobre a possibilidade de realizar determinada obra sujeita a licenciamento municipal e respectivos condicionamentos (artigo 10.º do Decreto-Lei n.º 445/91).

umas a natureza de *deveres jurídicos* e outras de *ónus jurídicos*: a publicitação do pedido de licenciamento de obras e da licença de construção (artigos 8.º e 9.º) ([78]); a execução da

O pedido de informação prévia – que se apresenta como sucessor do denominado "parecer de viabilidade" [cfr. F. Rodrigues de Bastos, *O Licenciamento de Obras Particulares e a Implantação da Construção--Zonamento. Breves Contributos para o seu Estudo*, in Revista de Direito Autárquico, Ano 1.º, n.º 2 (1992), p. 77] – constitui um instrumento de segurança dos particulares, diminuindo os riscos de não aprovação do projecto da obra, cujos custos são normalmente elevados.

A disciplina daquele instituto é regulada na lei conforme a área esteja abrangida por plano de pormenor ou alvará de loteamento (artigos 10.º a 13º), por plano de urbanização (artigos 31.º a 33.º) e por plano director municipal (artigos 37.º e 38.º) ou não esteja coberta por qualquer plano municipal de ordenamento do território ou alvará de loteamento (artigos 42º a 44º). Mas são vários os pontos do regime jurídico da figura do pedido de informação prévia que são comuns às referidas situações. Contam-se entre eles: o carácter *facultativo*, no sentido de que o interessado não é obrigado a fazer preceder o pedido de licenciamento da obra do pedido de informação prévia (artigos 10.º, n..º 1, 31.º, 37.º, n.º 1, e 42.º, n.º 1); a identidade das condições de *legitimidade* para requerer a informação prévia e o licenciamento da obra (artigos 10.º, n.º 2, 14.º, n.º 1, 31.º, 37.º, n.º 1, e 42.º, n.º 1); a natureza *vinculativa* do conteúdo da informação prévia prestada pela câmara municipal para um eventual pedido de licenciamento, desde que este seja apresentado dentro do prazo de um ano relativamente à data da sua comunicação ao requerente (artigos 13.º, 31.º, 37.º, n.º 1, e 42.º, n.º 1), a significar que a deliberação favorável sobre o pedido de informação prévia é constitutiva de direitos, ainda que com efeitos temporalmente limitados; a *redução* dos prazos para a adopção da deliberação da câmara municipal sobre o projecto de arquitectura, no caso de existir informação prévia favorável em vigor e o projecto com ela se conformar (artigos 36.º, n.º 4, 41.º, n.º 4, e 47.º, n.º 4); e, por fim, a obrigação de a câmara municipal, adoptando deliberação desfavorável sobre o pedido de informação prévia, indicar, sempre que possível, os termos em que a mesma pode ser revista, por forma a serem cumpridas as normas estabelecidas (artigos 12.º, n.º 2, 33.º, n.º 4, 38.º, n.º 4, e 44.º, n.º 4). Sobre estes pontos, cfr. A. Pereira da Costa, ob. cit., p. 73-79.

([78]) De harmonia com o artigo 8º do Decreto-Lei n.º 445/91, todos os pedidos que derem entrada nos serviços da câmara municipal devem ser

obra de acordo com o projecto aprovado e com os condicionamentos fixados no alvará e dentro do prazo neste referido (ar-

publicados sob a forma de aviso, segundo modelo aprovado por portaria do Ministro do Planeamento e da Administração do Território– esse modelo consta da Portaria n.º 143/92, de 5 de Março –, a colocar, de forma bem visível, no prédio abrangido pelo projecto (n.º 1), aviso esse que deve ser colocado no prédio, pelo requerente, no prazo de oito dias após a entrega do pedido de licenciamento (n.º 2), e deve conter a menção expressa de que a obra não se encontra licenciada (n.º 3).

A publicitação dos pedidos de licenciamento de obras, nos termos dos n.ºˢ 1 a 3 do artigo 8º, tem como finalidade possibilitar a qualquer interessado a solicitação de informações e a apresentação de reclamações sobre o pedido em apreciação na câmara municipal, constituindo um instrumento potenciador da participação dos particulares, designadamente dos vizinhos do terreno onde vai ser implantada a construção, no procedimento de licenciamento municipal de obras, com vista à tutela dos seus direitos e interesses. De salientar que o n.º 2 do artigo 7º do Decreto-Lei n.º 445/91 impõe à câmara municipal a fixação, no mínimo, de um dia por semana, para que os serviços técnicos camarários estejam especificamente à disposição para eventuais pedidos de esclarecimento e ou reclamações dos cidadãos, relativamente a processos de licenciamento municipal.

Por seu lado, o artigo 9º do Decreto-Lei n.º 445/91 determina que o titular do alvará de qualquer licença de construção deve dar, no prazo de oito dias, publicidade à concessão do mesmo, mediante afixação de aviso, de forma bem visível, no prédio abrangido pela licença (n.º 1), aviso esse que deve obedecer ao modelo aprovado pela citada Portaria n.º 143/92 e conter os elementos do alvará de licença de construção referidos nas alíneas a), b), d), e) e f) do artigo 22º (n.º 3). No caso de construção de novos edifícios ou de reconstrução ou ampliação de edificações existentes com mais de quatro pisos acima da cota de soleira, deve, além disso, a câmara municipal promover, a expensas do titular do alvará de licença e no prazo de 15 dias, a publicitação da concessão da licença de construção, mediante publicação de aviso, de modelo aprovado pela aludida Portaria n.º 143/92, e com as especificações do alvará referenciadas nas alíneas a), b), d), e) e f) do artigo 22.º (n.º 3), num dos jornais diários mais lidos na área do município (n.º 2).

Saliente-se que as formas de publicitação da licença de construção previstas no artigo 9.º não substituem, antes acrescem à plasmada no artigo 84.º do Decreto-Lei n.º 100/84, de 29 de Março, para as deliberações dos

tigos 19.º, n.ºˢ 4 a 7, 22.º e 23.º) ([79]); o requerimento da emissão do alvará, no prazo de noventa dias a contar da data da notificação da deliberação que tiver licenciado a realização de obras, sob pena de caducidade desta (artigo 20.º) ([80]); a colo-

órgãos autárquicos, bem como para as decisões dos respectivos titulares, destinadas a ter eficácia externa, ou seja, a publicação em boletim da autarquia, quando exista, ou em edital afixado nos lugares de estilo durante 5 dos 10 dias subsequentes à tomada da deliberação ou decisão (cfr., neste sentido, A. Pereira da Costa, ob. cit., p. 72).

Note-se, por fim, que o desrespeito por parte do requerente e a inobservância pelo beneficiário do licenciamento de obras das obrigações assinaladas nos artigos 8.º e 9.º constituem contra-ordenações, nos termos das alíneas g) e h) do n.º 1 do artigo 54.º do Decreto-Lei n.º 445/91.

([79]) A execução da obra de acordo com o projecto e com os condicionamentos fixados no alvará constitui um *dever jurídico* que impende sobre o beneficiário do licenciamento de obras, cuja violação dá origem a uma contra-ordenação [alínea b) do n.º 1 do artigo 54.º] e, eventualmente, a ordens de embargo e de demolição [artigos 57.º e 58.º do Decreto-Lei n.º 445/91 e 53.º, n.º 2, alínea l), do Decreto-Lei n.º 100/84, de 29 de Março, na redacção da Lei n.º 18/91, de 12 de Junho]. A conclusão da obra dentro do prazo fixado no alvará caracteriza-se também como um *dever jurídico*, uma vez que a sua inobservância desencadeia não apenas a caducidade do alvará e a consequente apreensão deste pela câmara municipal (artigo 23.º, n.º 2), mas também, salvo caso fortuito ou de força maior, uma contra-ordenação [alínea l) do n.º 1 do artigo 54.º]. Para além da não conclusão das obras nos prazos fixados no alvará ou dentro das prorrogações dos mesmos referidas nos n.ºˢ 6 e 7 do artigo 19.º, o artigo 23.º, n.º 1, do Decreto-Lei n.º 445/91 indica ainda como causas de caducidade do alvará de licença de construção o não início das obras no prazo de 15 meses a contar da data da emissão do alvará e a suspensão ou abandono das obras por período superior a 15 meses, salvo se a suspensão decorrer de facto não imputável ao titular do alvará.

([80]) O artigo 20.º do Decreto-Lei n.º 445/91 configura claramente um exemplo de *ónus jurídico*, traduzido na necessidade de o interessado adoptar uma certa conduta, consistente em requerer a emissão do *alvará de licença de construção* – isto é, de um documento passado pela câmara municipal, que serve de título e de prova do direito subjectivo público conferido por aquele órgão autárquico ao particular (cfr. H. Martins Gomes,

cação na obra de um livro de obra, a conservar no respectivo local, para consulta pelas entidades fiscalizadoras (artigo 25.º) ([81]); a obtenção de alvará de licença de utilização dos edifícios novos, reconstruídos, reparados, ampliados ou alterados cujas obras tenham sido realizadas ao abrigo do competente alvará de licença de construção (artigos 26.º a 30.º) ([82]); e o pagamento das taxas a que se refere a alínea b) do artigo 11.º

Alvará, in Dicionário Jurídico da Administração Pública, Vol. I, 2ª ed.,Lisboa, 1990, p. 373-375, e o artigo 87.º do Decreto-Lei n.º 100/84, de 29 de Março) –, para conservação de uma vantagem jurídica.

([81]) A violação do *dever jurídico* de colocação e conservação de um livro de obra, no local onde a mesma está a ser executada, constitui uma contra-ordenação [alínea i) do n.º 1 do artigo 54.º]. O livro de obra, cujos requisitos foram definidos pela Portaria n.º 470/92, de 5 de Junho, deve conter os registos efectuados pelo técnico responsável pela direcção da obra, pelos autores dos projectos e pelos fiscais de obras relativos ao estado de execução da obra, à qualidade da execução, bem como a qualquer observação considerada conveniente sobre o desenvolvimento dos trabalhos (cfr. o artigo 25.º do Decreto-Lei n.º 445/91 e o intróito da Portaria n.º 470/92). É tipificada como contra-ordenação a falta dos registos no livro de obra do estado de execução das obras [artigo 54.º, n.º 1, alínea j)].

([82]) Como já tivemos ensejo de acentuar, a obtenção de uma licença de utilização é exigida não apenas antes da ocupação dos edifícios novos, reconstruídos, reparados, ampliados ou alterados cujas obras tenham sido realizadas ao abrigo do competente alvará de licença de construção (artigo 26.º, n.º1), tendo aquela como finalidade a comprovação da conformidade da obra concluída com o projecto aprovado e condicionamentos do licenciamento e com o uso previsto no alvará de licença de construção (artigo 26.º, n.º 2), mas também no caso de alteração ao uso fixado em licença de utilização, tendo a nova licença como objectivo verificar a observância por parte da edificação ou da fracção dos requisitos legais e regulamentares para a nova utilização pretendida (artigo 30.º).

A ocupação de edifícios ou de suas fracções autónomas sem licença de utilização ou em desacordo com o uso fixado no respectivo alvará de licença de utilização constitui contra-ordenação, nos termos da alínea c) do n.º 1 do artigo 54.º do Decreto-Lei n.º 445/91.

da Lei n.º 1/87, de 6 de Janeiro, pela emissão de alvarás de licença de construção e de utilização (artigo 68.º) ([83]).

e) O reconhecimento ao requerente do licenciamento de obras de um conjunto de direitos e de garantias: o direito à informação (artigo 7.º) ([84]) e o já mencionado pedido de informação prévia; a fixação de prazos para a emissão de pareceres e

---

([83]) Em conformidade com o disposto no artigo 68.º do Decreto-Lei n.º 445/91, a emissão de alvarás de licença de construção e de utilização está sujeita ao pagamento das taxas referidas na alínea *b*) do artigo 11.º da Lei n.º 1/87, de 6 de Janeiro, não havendo lugar ao pagamento de quaisquer mais-valias ou compensações. As taxas pela "concessão de licenças de loteamento, de execução de obras particulares, de ocupação da via pública por motivo de obras e de utilização de edifícios", que, nos termos daquele preceito da Lei das Finanças Locais, podem os municípios cobrar, são criadas pela assembleia municipal, sob proposta da câmara, competindo-lhe igualmente fixar os respectivos quantitativos [artigo 39.º, n.º 2, alínea *l*) do Decreto-Lei n.º 100/84, de 29 de Março].

As taxas referidas no artigo 68.º são pagas ou depositadas em instituição bancária à ordem da câmara municipal, antes da emissão dos alvarás de licença de construção e de licença de utilização [artigos 21.º, n.º 1, e 26.º, n.º 7, alínea *a*)], funcionando, por isso, como *condição* da obtenção daqueles documentos. Daí que o pagamento das taxas por parte dos requerentes dos alvarás de licença de construção e de licença de utilização esteja mais próximo do conceito de *ónus jurídico* do que do de *dever jurídico*, como já tivemos oportunidade de salientar a propósito das taxas respeitantes ao loteamento urbano.

([84]) O direito à informação, condensado no artigo 7.º do Decreto-Lei n.º 445/95, é reconhecido a todo e qualquer cidadão portador de um interesse juridicamente relevante e não apenas aos indivíduos que satisfaçam os requisitos de legitimidade para requerer a informação prévia e o licenciamento de obras, referidos nos artigos 10.º, n.º 2, e 14.º, n.º 1.

Segundo o n.º 1 do artigo 7.º, qualquer interessado tem o direito de ser informado pela respectiva câmara municipal dos instrumentos de planeamento em vigor para determinada área do município, bem como das demais condições gerais a que devem obedecer as obras de construção civil sujeitas a licenciamento municipal [alínea *a*)], e bem assim, sobre o estado e andamento do processo de licenciamento de obras que lhe diga directa-

para a tomada de decisões (artigos 12.º, n.º 1, 17.º, n.º 2, 18.º, n.º 3, 19.º, n.º 1, 21.º, n.º 1, 32.º, n.º 2, 33.º, n.º 1, 35.º, n.º 4, 36.º, n.º 2, 37.º, n.º 2, 38.º, n.º 1, 39.º, n.º 2, 41.º, n.º 2, 42.º, n.º 2, 44.º, n.º 1, 45.º, n.º 2, e 47.º, n.º 2) e o estabelecimento da regra geral do deferimento tácito (artigo 61.º) ([85]);a enumeração dos fundamentos

---

mente respeito, com especificação dos actos já praticados e daqueles que ainda devam sê-lo, bem como dos prazos aplicáveis a estes últimos [alínea *b*)]. Estas informações devem ser prestadas no prazo de 10 dias (artigo 7.º, n.º 3). Para outros desenvolvimentos, cfr. *supra*, nota 64.

([85]) Os prazos fixados na lei para a emissão de pareceres e para a adopção das deliberações da câmara municipal são progressivamente mais longos à medida que se passa da situação em que a área onde se pretende construir está abrangida por plano de pormenor ou alvará de loteamento para aquelas em que a mesma está coberta por um plano de urbanização, se encontra no âmbito territorial de aplicação de um plano director municipal ou não é abarcada por qualquer plano municipal de ordenamento do território.

A falta de deliberação da câmara municipal ou de aprovação ou autorização de outra entidade nos prazos fixados no diploma que encerra o regime jurídico do licenciamento municipal de obras vale, em princípio, como deferimento (artigo 61.º, n.º 1). De igual modo, a não recepção dentro dos prazos legais do parecer solicitado pela câmara municipal às entidades que, por força da lei, devam ser consultadas entende-se como parecer favorável (artigos 18.º, n.º 5,32.º, n.º 4,35.º,n.º 6,37.º, n.º 2, 39.º, n.º 2, 42.º, n.º 2, e 45.º, n.º 2). Por sua vez, a falta de decisão sobre quaisquer reclamações ou recursos graciosos que tenham como objecto actos realizados no processo vale como deferimento (artigo 61.º, n.º 3). Regra oposta vigora, porém, nos recursos hierárquicos dos actos administrativos proferidos por organismos da administração central, em que a falta de decisão no prazo de 60 dias interpreta-se como indeferimento (artigo 64.º, n.º 2).

O artigo 61.º, n.º 2, contém, no entanto, uma importante excepção à regra geral do deferimento tácito, na falta de deliberação final da câmara municipal sobre o pedido dentro dos prazos fixados na lei. Segundo aquele preceito, quando o processo de licenciamento não esteja instruído com os pareceres vinculativos, autorizações ou aprovações exigidos por lei, o silêncio da câmara municipal vale como indeferimento. Com este dispositivo, pretendeu o legislador evitar a solução do deferimento tácito nas hipóteses em que a câmara municipal não tenha solicitado os pareceres, autori-

de indeferimento do pedido de licenciamento e a obrigação da fundamentação expressa das deliberações ou decisões de inde-

zações ou aprovações de entidades estranhas ao município exigidos por lei, impedindo que desta negligência grave do órgão autárquico (artigo 52.º, n.º 2) resulte um efeito vantajoso para o requerente do licenciamento.

Questão deveras importante, sobre a qual não se pode passar em claro, é a do conteúdo concreto da autorização obtida pelo silêncio positivo, naqueles casos em que o pedido de licenciamento não é conforme ao direito. Para a resolução deste complexo problema, vem avançando a doutrina três teses (cfr. E.Garcia de Enterría /T.-Ramón Fernández, *Curso de Derecho Administrativo*, I, Madrid, Civitas, 1991, p. 585-588). A primeira consiste em considerar autorizado ou aprovado, nos seus precisos termos, o projecto apresentado pelo requerente; a segunda limita os efeitos autorizatórios ou aprobatórios do silêncio positivo àquilo que, segundo a lei, é possível autorizar ou aprovar; a terceira remete para uma modelação dos efeitos do silêncio positivo em função do tipo de defeitos do projecto de base, admitindo a aprovação deste nos casos em que o acto tácito de deferimento enferme de anulabilidade, mas recusando a aprovação nas hipóteses em que o acto tácito de deferimento padeça de nulidade.

A tese apontada em primeiro lugar caracteriza-se pela sua simplicidade e clareza e tem a seu favor, desde logo, a lógica estrita do instituto do deferimento tácito, a qual se alicerça na ideia de que o silêncio positivo substitui para todos os efeitos o acto expresso, constitui um verdadeiro acto, cujo efeito há-de ser naturalmente o da aprovação ou autorização do projecto, tal como foi apresentado pelo requerente do licenciamento. Estamos perante uma solução que confere primazia ao valor da segurança jurídica sobre o da legalidade e que, postulando o reconhecimento incondicionado de efeitos aprobatórios ao silêncio, faz tábua rasa da conformidade ou desconformidade com o ordenamento jurídico aplicável do projecto apresentado. Ela tem sido, por isso, alvo da crítica de alguns autores, os quais afirmam que, sendo a regra do deferimento tácito uma criação legal, é difícil sustentar que a lei tenha querido que, através de um mecanismo estabelecido para evitar prejuízos aos particulares resultantes da falta de diligência da Administração, possam estes obter mais benefícios do que aqueles que a lei lhes reconhece e rejeitam veementemente que o silêncio positivo possa ser visto como uma "esponja que limpe os vícios e os defeitos contidos na própria essência do acto" (cfr. E. Garcia de Enterría/T.- Ramón Fernández, ob. cit., p. 585, 586, e T.-Ramón Fernández, ob. cit., p. 226).

A segunda, ao invés, dá preferência à legalidade, mas é fonte de insegurança jurídica, já que, ao considerar que o silêncio positivo tem apenas o significado de um acto autorizativo ou aprobatório dentro dos limites da legalidade aplicável, é geradora de dúvidas e conflitos sobre o alcance e os limites do acto tácito de deferimento.

Tendo em conta o exposto, parece-nos que, em sede de política legislativa, a melhor solução é a sugerida pela tese referenciada em terceiro lugar. De acordo com ela, o acto tácito de deferimento tem o sentido de uma autorização ou aprovação do projecto apresentado pelo autor do pedido de licenciamento, assumindo-se como um acto constitutivo de direitos e, por isso, sujeito ao regime de irrevogabilidade previsto para eles (cfr. os artigos 140.º e 141.º do Código do Procedimento Administrativo e *supra*, nota 74), excepto nos casos em que o acto de autorização ou de aprovação presumido pelo silêncio positivo for nulo (cfr., neste sentido, E. Garcia de Enterría/T.-Ramón Fernández, ob. cit., p. 586). Esta solução leva vantagem sobre as duas anteriores, porque é ela que permite compatibilizar os interesses dos administrados que o instituto do deferimento tácito visa tutelar com o interesse público da defesa da legalidade, evitando a formação, pela via do silêncio, de autorizações de construção que violem regras e princípios essenciais do ordenamento jurídico urbanístico, como sejam as disposições dos planos urbanísticos [cfr. o artigo 52.º, n.º 1, alínea *b*), do Decreto-Lei n.º 445/91].

Lamentavelmente, o Decreto-Lei n.º 445/91 não consagra o princípio da negação do acto tácito de deferimento em todos os casos em que este seja nulo. O artigo 61.º, n.º 2, recusa o deferimento tácito apenas quando o processo de licenciamento não esteja instruído com os pareceres vinculativos, autorizações ou aprovações exigidos por lei e não quando o acto tácito seja nulo, com fundamento em qualquer dos vícios de legalidade urbanística referidos no n.º 1 do artigo 52.º, como seria desejável. Isto significa que, exceptuada a hipótese contemplada no n.º 2 do artigo 61.º, é possível, entre nós, a formação de um acto tácito de deferimento, mesmo quando este enferme de um vício gerador da sua nulidade, como sejam os previstos na segunda parte da alínea *a*) e na alínea *b*) do n.º 1 do artigo 52.º do Decreto-Lei n.º 445/91 e no artigo 133.º do Código do Procedimento Administrativo. Apesar de o acto tácito de deferimento nulo não produzir efeitos jurídicos, independentemente da declaração de nulidade, e de esta ser invocável a todo o tempo por qualquer interessado e poder ser declarada, também a todo o tempo, por qualquer órgão administrativo ou por qualquer tribunal (artigo 134.º do Código do Procedimento Administrativo), a admissibilidade da sua formação não deixa de ser fonte de incertezas e geradora de vários problemas jurídicos, entre os quais se contam o da eventual necessidade do despoletamento do recurso contencioso e meios processuais acessórios, a que alude o artigo 53.º do Decreto-Lei n.º 445/91, e o da indemnizabilidade, em certos casos, por parte do município dos prejuízos causados (artigo 52.º, n.º 4, do referido diploma legal). Seria, por isso, mais correcto e razoável negar pura e simplesmente, nas situações acima indicadas, a formação do acto tácito de deferimento (com posições algo divergentes das que vêm de ser expostas, cfr. A. Pereira da Costa, ob. cit., p. 187-190).

Anote-se, por último, que, em direito comparado, são profundas as restrições ao campo de aplicação da "licença de construção" adquirida através do deferimento tácito. Assim, no direito do país vizinho, o artigo 9.º do *Reglamento de Servicios de las Corporaciones Locales*, aprovado por Decreto de 17 de Junho de 1955, prevê dois regimes para o silêncio positivo de licenças: um, em que se produz automaticamente pelo decurso do prazo; e outro, no qual se exige a denúncia da mora. Mas, tanto num como noutro, se aplica o disposto no n.º 6 do artigo 242.º da *Ley del Suelo*, segundo o qual "em caso algum se considerarão adquiridas por silêncio administrativo licenças que infrinjam a legislação ou o planeamento urbanístico" (cfr. J. González Pérez, ob. cit., p. 1738 ss.; T.-Ramón Fernández, ob. cit., p. 224-228; e E. Garcia de Enterría / T. Ramón Fernández, ob. cit., p. 587,588). No direito francês, também, por via de regra, a ausência de decisão administrativa dentro do prazo que foi notificado ao peticionante aquando da abertura da instrução, tendo em conta os prazos regulamentares desta (cfr. os artigos R.421.12 e seguintes do *Code de l'Urbanisme*), vale como *autorização* para aquele efectuar os trabalhos objecto do pedido. Mas o artigo R.421.19 do *Code de l'Urbanisme* indica um conjunto alargado de casos em que o construtor não pode beneficiar de uma autorização de construção tácita (cfr., por todos, Y.Jegouzo, *Permis de Construire: Procédure, Délivrance*, in Urbanisme, cit., p. 623,624; e F. Bouyssou/J.Hugot, *Code de l'Urbanisme*, cit., p. 849,850). Por fim, no direito italiano, princípio geral do procedimento de emissão da "*concessione*

ferimento (artigo 63.º) ([86]); e a previsão de uma acção de reconhecimento dos direitos constituídos em caso de deferimento

---

edilizia" é o de que o silêncio do *Sindaco*, uma vez decorrido o prazo de 60 dias após a apresentação do requerimento, assume o significado e a qualificação jurídica de silêncio-indeferimento (*silenzio-rifiuto*). O artigo 8.º da Lei de 25 de Março de 1982, n.º 94, veio, no entanto, admitir que, em determinadas condições, o silêncio é considerado não já como indeferimento, mas antes como deferimento do pedido (*silenzio-assenso*). Mas, não apenas o silêncio-deferimento é aplicável exclusivamente às actividades de edificação indicadas na lei, como ainda, segundo uma parte substancial da doutrina e da jurisprudência, é afastado nos casos de violação das prescrições urbanísticas. Considera-se, de facto, aberrante concluir que o legislador tenha consentido a possibilidade de aquisição, mediante silêncio administrativo, de faculdades contrárias às prescrições urbanísticas (resultantes de lei, de plano ou de regulamento). Cfr., por todos, A. Fiale, ob. cit., p. 527-534.

([86]) Os fundamentos de indeferimento do pedido de licenciamento são taxativamente indicados nos n.ºs 1 e 2 do artigo 63.º. Mas, enquanto os elencados no n.º 1, uma vez verificada a sua existência pela câmara municipal – verificação esta na qual, por vezes, goza o órgão administrativo de um espaço de discricionariedade, como sucede quando a lei recorre a "conceitos imprecisos-tipo" [v.g. "manifesta afectação da estética das povoações e da beleza das paisagens" – alínea *d*)], cujo sentido é o de "conferir à Administração liberdade na escolha e na valoração dos pressupostos de facto (embora com subordinação, nos termos gerais, à exactidão material destes e ao fim legal)" que os hão-de preencher, sendo essa escolha apenas "sindicável contenciosamente nos termos em que o são os actos praticados no uso de poderes discricionários" [cfr. o Acórdão do STA (1ªSecção), de 9 de Março de 1989, in *Acórdãos Doutrinais do Supremo Tribunal Administrativo*, n.º 337 (1990), p. 23-28] –, implicam necessariamente uma deliberação de indeferimento, os enumerados no n.º 2 traduzem apenas uma *possibilidade* de indeferimento.

Os fundamentos de indeferimento referidos nas sete alíneas do n.º 1 do artigo 63.º são os seguintes: desconformidade com alvará de loteamento ou com instrumentos de planeamento territorial, válidos nos termos da lei; desrespeito por normas legais e regulamentares aplicáveis aos projectos; desrespeito por servidões administrativas e restrições de utilidade pública; trabalhos susceptíveis de manifestamente afectarem a estética das povoa-

tácito do pedido de licenciamento de obras e de utilização de edifícios (artigos 21.º, n.ºs 5 a 8, 26.º, n.ºs 8 e 9, e 62.º) ([87]).

ções ou a beleza das paisagens, designadamente desconformidade com as cérceas dominantes, volumetria das edificações e outras prescrições expressamente previstas em regulamento; alterações em construções ou elementos naturais classificados como valores concelhios, quando delas possa resultar prejuízo para esses valores; existência de declaração de utilidade pública para efeitos de expropriação que abranja a área a licenciar; e recusa prévia, fundamentada, por alguma das entidades consultadas da aprovação, autorização ou parecer favorável exigidos por lei. Por seu lado, o n.º 2 do citado preceito legal indica como fundamentos de indeferimento a ausência de arruamentos e de proposta eficaz de construção de infra-estruturas de abastecimento de água e saneamento e a circunstância de a pretensão constituir, comprovadamente, uma sobrecarga incomportável para as infra-estruturas existentes.

Importa, por fim, salientar que o n.º 3 do artigo 63.º do Decreto-Lei n.º 445/91 prescreve, na sequência do artigo 268.º, n.º 3, da Constituição, e na esteira do estatuído no artigo 83.º do Decreto-Lei n.º 100/84, de 29 de Março, e dos artigos 124.º e 125.º do Código do Procedimento Administrativo, que as deliberações ou decisões de indeferimento são sempre fundamentadas, mencionando claramente as razões da recusa.

([87]) À semelhança do que sucede no domínio do loteamento urbano (cfr. o artigo 68.º do Decreto-Lei n.º 448/91), pode o particular obter o reconhecimento dos direitos constituídos em caso de deferimento tácito do pedido de licenciamento de obras e de utilização de edifícios, através de acção proposta nos tribunais administrativos de círculo, no caso de a câmara municipal, a requerimento do interessado, se recusar a reconhecer a existência de deferimento tácito e os respectivos direitos constituídos (artigo 62.º, n.ºs 1 e 2). Nas situações em que, havendo deferimento dos pedidos de licenciamento de obras e de utilização de edifícios, a câmara municipal se recuse a emitir o competente alvará, pode também o particular lançar mão de uma acção de reconhecimento de direitos (artigo 62.º, n.º 7).

O artigo 62.º contém algumas especialidades destas acções em relação às acções de reconhecimento de direitos reguladas no Decreto-Lei n.º 267/85, de 16 de Julho, merecendo destaque a obrigatoriedade de emissão do correspondente alvará, no caso de o interessado obter em tribunal o reconhecimento dos direitos, e a inadmissibilidade da invocação por parte

f) A distinção, em termos de licenciamento, das obras cuja aprovação do projecto cabe apenas à câmara municipal e daquelas cujo projecto carece de aprovação da administração central (artigos 48.º a 50.º) ([88]).

---

da câmara municipal de causa legítima de inexecução das sentenças que os reconheçam (artigo 62.º, n.ᵒˢ 5 e 8).

([88]) O artigo 48.º do Decreto-Lei n.º 445/91 determina que os projectos de obras que, nos termos de legislação especial aplicável, carecem de aprovação da administração central, nomeadamente os estabelecimentos industriais (artigos 8.º a 10.º do Decreto-Lei n.º 109/91, de 15 de Março, na redacção do Decreto-Lei n.º 282/93, de 17 de Agosto, e Decreto Regulamentar n.º 25/93, de 17 de Agosto), os estabelecimentos hoteleiros [Decreto-Lei n.º 328/86, de 30 de Setembro (alterado pelos Decretos-Leis n.ᵒˢ 149/88, de 27 de Abril, 434/88, de 21 de Novembro, e 235/91, de 27 de Junho), Decreto Regulamentar n.º 8/89, de 21 de Março (que aprova o Regulamento dos Empreendimentos Turísticos) e Decreto-Lei n.º 251/89, de 8 de Agosto], as grandes superfícies comerciais (Decreto-Lei n.º 258/92, de 20 de Novembro) e recintos de espectáculos e divertimentos públicos [Decreto-Lei n.º 42.660 e Decreto n.º 42.661, ambos de 20 de Novembro de 1959 (o primeiro alterado pelos Decretos-Leis n.ᵒˢ 94/79, de 20 de Abril, e 456/85, de 29 de Outubro), e Decreto-Lei n.º 271/84, de 6 de Agosto], estão também sujeitos a licenciamento municipal, não podendo a câmara municipal deferir pedidos de informação prévia, nem licenciar as obras, sem que o requerente apresente documento comprovativo da aprovação da administração central (n.º 2). Entretanto, o artigo 10.º, n.ᵒˢ 1 e 2, do Decreto-Lei n.º 109/91, de 15 de Março, na redacção do Decreto-Lei n.º 282/93, de 17 de Agosto, veio determinar que a licença de obras para instalar ou alterar um estabelecimento industrial pode ser emitida pela câmara municipal respectiva, desde que o industrial demonstre ter apresentado o pedido devidamente instruído ao organismo ou serviço do Ministério da Agricultura, Pescas e Alimentação ou do Ministério da Indústria e Energia que superintender na actividade industrial em causa, incluindo o parecer sobre o processo de avaliação de impacto ambiental, se necessário, referindo o n.º 3 do mesmo artigo que o documento de aprovação de localização emitido pela câmara municipal ou comissão de coordenação regional, conforme os casos, preenche o requisito previsto na parte final do n.º 2 do artigo 48.º do Decreto-Lei n.º 445/91, isto é, equivale ao documento comprovativo de aprovação do projecto da administração central. Nos termos do n.º 4 do artigo 10.º daquele diploma legal, apenas a licença de utilização emitida pela câmara municipal ficará dependente de apresentação pelo industrial da cópia do deferimento do pedido de instalação ou alteração do estabelecimento.

Instituiu o legislador, em relação àqueles projectos de obras, um duplo licenciamento da administração central e da administração local, introduzindo um desvio à natureza *federadora* da "licença municipal de construção", isto é, à sua função de *concentração ou de síntese* de todas as autorizações e aprovações exigidas por lei para cada um dos projectos de construção (cfr. *supra*, nota 74).

Por sua vez, o artigo 49.º determina que a autorização prévia de localização da administração central, exigida por lei para certas construções (v.g. as respeitantes à instalação de estabelecimentos industriais – cfr. o artigo 9.º, n.º 1, do Decreto-Lei n.º 109/91, de 15 de Agosto, na versão do Decreto-Lei n.º 282/93, de 17 de Agosto, e o artigo 4.º do Decreto Regulamentar n.º 25/93, de 17 de Agosto), é dispensada sempre que as obras se localizem em área abrangida por plano de urbanização, plano de pormenor ou alvará de loteamento, válido nos termos da lei, e com eles se conformem.

Finalmente, nos termos do artigo 50.º, n.º 1, do Decreto-Lei n.º 445/91, a licença prevista em legislação especial para efeitos de funcionamento do estabelecimento (cfr., por exemplo, quanto aos estabelecimentos industriais, o artigo 11.º do Decreto-Lei n.º 109/91, na versão do Decreto-Lei n.º 282/93) só pode ser emitida mediante exibição do alvará de licença de utilização emitido pela câmara municipal. De harmonia com o n.º 2 do artigo 50.º, a vistoria necessária à emissão da licença de funcionamento deve, sempre que possível, ser realizada em conjunto com a vistoria municipal, prescrevendo o n.º 3 do mesmo normativo que a câmara municipal dá conhecimento da data da vistoria às entidades da administração central que tenham competência para licenciar o funcionamento do estabelecimento (designa-se licença de laboração, no caso de estabelecimentos industriais).

Cotejando o disposto no artigo 48.º com o estatuído no artigo 50.º, verifica-se que a aprovação dos projectos de obras por parte da administração central precede o licenciamento municipal das obras e serve-lhes de *pressuposto* (embora, como vimos, aquela regra de precedência sofra hoje fortes desvios, tratando-se de licença municipal de obras para instalar ou

g) O estabelecimento de regras relativas à fiscalização da actividade de construção (artigos 51.º, 57.º e 58.º) ([89]).

---

alterar um estabelecimento industrial), ao passo que a licença de utilização da competência da câmara municipal antecede e constitui o *pressuposto* da licença de funcionamento a emitir pelo órgão competente da administração central.

([89]) O artigo 51.º do Decreto-Lei n.º 445/91 determina que compete à câmara municipal, com a colaboração das autoridades administrativas, a fiscalização do cumprimento do disposto naquele diploma legal.

Por sua vez, o artigo 57.º, n.º 1, estabelece que o presidente da câmara municipal, sem prejuízo das atribuições cometidas por lei a outras entidades, é competente para embargar as obras executadas em violação do disposto no diploma condensador do regime jurídico do licenciamento municipal de obras, com excepção daquelas a que se refere a alínea c) do n.º 1 do artigo 3.º, ou seja, das obras promovidas pela administração directa do Estado. São vários os diplomas que conferem a órgãos distintos do presidente da câmara municipal competência para ordenar o embargo administrativo de obras executadas ilegalmente [v.g. artigo 14.º do Decreto-Lei n.º 93/90, de 19 de Março, relativo à REN; artigos 39.º e 40.º do Decreto--Lei n.º 196/89, de 14 de Junho, respeitante à RAN; artigo 7.º do Decreto--Lei n.º 302/90, de 28 de Setembro, relativo à ocupação, uso e transformação da faixa costeira; artigo 4.º do Decreto-Lei n.º 106-F/92, de 1 de Junho, respeitante ao património cultural, arquitectónico e arqueológico; e artigos 43.º do Decreto Regulamentar n.º 11/91, de 21 de Março (violação das normas do PROT-Algarve), 49.º do Decreto Regulamentar n.º 60/91, de 21 de Novembro (infracção às normas do PROZED), 31.º do Decreto Regulamentar n.º 22/92, de 25 de Setembro (desrespeito das normas do PROZAG) e 52.º do Decreto Regulamentar n.º 26/93, de 27 de Agosto (incumprimento das normas do PROTALI)].Destaque merece o disposto no artigo 26.º, n.º 1, do Decreto-Lei n.º 69/90, de 2 de Março (alterado pelo Decreto-Lei n.º 211/92, de 8 de Outubro), segundo o qual, sem prejuízo do disposto na alínea l) do n.º 2 do artigo 53.º do Decreto-Lei n.º 100/84, de 29 de Março, na redacção dada pela Lei n.º 18/91, de 12 de Junho, pode o Ministro de Planeamento e da Administração do Território, em casos que considere de relevante interesse público, determinar o embargo de trabalhos ou a demolição de obras que violem plano municipal plenamente eficaz. Os n.ºˢ 2 a 5 do artigo 57.º do Decreto-Lei n.º 445/91 contêm disposições sobre o procedimento a observar no embargo.

h) A instituição de um *quadro de ilícitos* relacionados com o licenciamento de obras: ilícito de mera ordenação social (artigos 54.º e 55.º) ([90]); ilícito civil (artigo 70.º) ([91]); ilícito pe-

---

A ordem de embargo apresenta uma dupla vantagem: para além de prevenir, ao menos em parte, o prejuízo causado ao interesse público pela execução da obra ilegal, evita a necessidade de uma posterior ordem de demolição ou, no caso em que esta se apresente indispensável, impede que o seu cumprimento se torne mais difícil (cfr. G.R. de Boubée, *Le Droit Pénal de la Construction et de l'Urbanisme*, Paris, Sirey, 1988, p. 92,93).

Por último, o artigo 58.º, n.º 1, prescreve que o presidente da câmara municipal, sem prejuízo das atribuições cometidas por lei a outras entidades, pode ainda, quando for caso disso, ordenar a demolição da obra e ou a reposição do terreno nas condições em que se encontrava antes da data do início das obras executadas em violação do disposto no Decreto-Lei n.º 445/91, fixando para o efeito o respectivo prazo. São múltiplas as disposições legais que conferem a órgãos estranhos aos órgãos representativos do município, designadamente às comissões de coordenação regional e à Direcção-Geral do Ordenamento do Território, competência para ordenar a demolição de obras executadas ilegalmente. Alguns exemplos normativos foram apontados nas linhas anteriores, mas outros podiam ser citados (cfr., sobre este ponto, A. Pereira da Costa, ob. cit., p. 165-167). Justifica referência especial o n.º 2 do artigo 58.º, nos termos do qual sempre que, em caso de violação de instrumento de planeamento territorial, se verifiquem razões de reconhecido interesse público, pode o Ministro do Planeamento e da Administração do Território ordenar a demolição da obra e ou a reposição do terreno, notificando previamente a câmara municipal para actuar em conformidade. Os n.ºs 3 a 6 do artigo 58.º contêm disposições procedimentais respeitantes à ordem de demolição da obra e ou de reposição do terreno.

([90]) O artigo 54.º do Decreto-Lei n.º 445/91 (com redacção da Lei n.º 29/92, de 5 de Setembro) qualifica, no seu n.º 1, como contra-ordenação a violação de um conjunto de *deveres jurídicos* que incidem sobre o requerente e o beneficiário da licença de construção [alíneas *a*), *b*) e *c*) e *f*) a *m*)] ou sobre o técnico responsável pelo projecto [alíneas *d*) e *e*)]. Os n.ºs 2 a 8 estabelecem os montantes mínimos e máximos das coimas, dispondo, por sua vez, o n.º 10 que a competência para determinar a instauração dos processos de contra-ordenação, para designar o instrutor e para aplicar as coimas pertence à câmara municipal, podendo ser delegada em qualquer dos seus membros.

O artigo 55.º indica as sanções acessórias das contra-ordenações, a aplicar quando a gravidade da infracção o justifique, as quais podem traduzir-se na apreensão dos objectos pertencentes ao agente que tenham sido utilizados como instrumento no cometimento da infracção [n.º 1, alínea a)], na interdição do exercício no município, até ao máximo de dois anos, da profissão ou actividade conexas com a infracção praticada [n.º 1 alínea b)] e na privação do direito a subsídios outorgados por entidades ou serviços públicos [n.º 1, alínea c)]. Para outros desenvolvimentos sobre o ilícito de mera ordenação social, cfr. *supra*, nota 73.

[91] O ilícito gerador de responsabilidade civil está previsto no artigo 70.º, n.º 1, nos termos do qual o proprietário, usufrutuário, locatário, titular do direito de uso e habitação, superficiário ou mandatário, os autores dos projectos e os empreiteiros são responsáveis, nos termos da lei civil, por danos causados a terceiros que sejam provocados por erros, acções ou omissões decorrentes da sua intervenção no projecto ou na obra ou por factos emergentes da qualidade ou forma de actuação sobre os terrenos.

O preceito transcrito contempla apenas a responsabilidade civil por prejuízos causados a terceiros durante a execução da obra, isto é, desde o início dos trabalhos até à recepção definitiva daquela ou até à obtenção da licença de utilização (cfr. A. Pereira da Costa, ob. cit., p. 215), regulando-se a responsabilidade civil, uma vez concluída a obra, pelo artigo 492.º do Código Civil (cfr. Pires de Lima/Antunes Varela, *Código Civil Anotado*, Vol. I, 4ª ed., Coimbra, Coimbra Editora, 1987, p. 493,494).

Segundo o n.º 2 do artigo 70.º, a obrigação de indemnizar decorrente da responsabilidade civil contratual e extracontratual de todas as entidades envolvidas na realização da obra deve ser garantida, nomeadamente por seguro, nos termos a definir em decreto regulamentar. Na sequência deste normativo, foi publicado o Decreto Regulamentar n.º 11/92, de 16 de Maio (alterado pelo Decreto Regulamentar n.º 32/92, de 28 de Novembro), que estabelece as regras a que obedece a constituição do seguro de responsabilidade civil dos autores de projectos e dos industriais de construção civil, tendo a Portaria n.º 245/93, de 4 de Março, estabelecido o montante do capital obrigatoriamente seguro no que respeita à responsabilidade civil con-

nal (artigos 56.º, n.º 2, e 59.º) ([92]); e ilícito disciplinar (artigo 56.º, n.º 1) ([93]).

---

tratual e extracontratual de uns e outros. Não estabelecem aqueles diplomas regulamentares qualquer obrigação de a responsabilidade civil do dono da obra estar coberta por seguro.

([92]) Dois tipos de comportamentos assumem, no Decreto-Lei n.º 445/91, dignidade penal. São eles, por um lado, o desrespeito dos actos administrativos que determinem o embargo, a demolição, a reposição do terreno na situação anterior à infracção ou a entrega do alvará de licença de construção, que é considerado crime de desobediência, nos termos do artigo 388.º do Código Penal (artigo 59.º); e, por outro lado, a não participação dolosa de infracções ou a prestação também dolosa de informações falsas por parte dos funcionários incumbidos da fiscalização de obras sujeitas a licenciamento municipal sobre o incumprimento de disposições legais e regulamentares de que tenham tomado conhecimento no exercício das suas funções, as quais são punidas com pena de prisão de seis meses a cinco anos ou multa até 180 dias (artigo 56.º, n.º 2).

Para além destes dois preceitos, é possível encontrar outras normas de direito penal relacionadas com a construção, alteração e demolição de imóveis. É o que acontece com o artigo 263.º do Código Penal, cujo n.º 1 pune com prisão de 2 a 6 anos e multa de 100 a 120 dias aqueles que no planeamento, direcção ou execução de construção, demolição, instalação técnica em construção, ou sua modificação, infringirem as disposições legais ou regulamentares, ou ainda as regras técnicas que no caso, segundo as normas geralmente respeitadas ou reconhecidas, devem ser observadas, criando desse modo um perigo para a vida, integridade física ou para bens patrimoniais de grande valor de outrem. O n.º 2 do aludido preceito estabelece uma moldura penal de prisão até 3 anos e multa até 120 dias, no caso de o perigo ser criado por negligência, e o n.º 3 determina que a pena será a de prisão até 2 anos e multa até 100 dias, se a acção referida no n.º 1 do mesmo preceito for imputável a título de negligência.

([93]) O ilícito disciplinar conexionado com o regime jurídico do licenciamento municipal de obras está previsto no artigo 56.º, n.º 1. Aí se prescreve que os funcionários e agentes da Administração Pública que deixarem de participar infracções às entidades fiscalizadoras ou prestarem informações falsas ou erradas sobre as infracções legais e regulamentares relativas ao licenciamento municipal de que tiverem conhecimento no exercício

i) E, por fim, a consagração de algumas regras específicas respeitantes à invalidade dos actos administrativos praticados no âmbito do licenciamento municipal de obras (artigos 52.º e 53.º) ([94]).

---

das suas funções incorrem em responsabilidade disciplinar, punível com pena de suspensão a demissão.

Cotejando os n.ºs 1 e 2 do artigo 56.º do Decreto-Lei n.º 445/91, podem extrair-se as seguintes ilações: a responsabilidade disciplinar incide tanto sobre funcionários da Administração Pública – isto é, sobre empregados ou trabalhadores vinculados a pessoas colectivas de direito público por relações jurídicas de emprego a tempo completo e com carácter de permanência –, como sobre agentes – ou seja, pessoas que não têm um vínculo estável à Administração Pública, antes têm um estatuto precário e de duração limitada (cfr., sobre a distinção entre funcionário e agente, Marcello Caetano, *Manual de Direito Administrativo*, Vol. II, 9ª ed., Coimbra, Almedina, 1980, p. 669 ss.; J. F. Nunes Barata, *Funcionário Público, in* Dicionário Jurídico da Administração Pública,Vol. IV, Lisboa, 1991, p. 410-415; João Alfaia, *Conceitos Fundamentais do Regime Jurídico do Funcionalismo Público*, Vol. I, Coimbra, Almedina, 1985, p. 17 ss.; e, por último, o Acórdão do TC n.º 340/92, publicado no DR, II Série, n.º 266, de 17 de Novembro de 1992) –, ao passo que a responsabilidade penal apenas abrange os funcionários que têm como missão a fiscalização de obras; em ambos os casos, o ilícito consiste na não participação de infracções ou na prestação de informações falsas, mas o ilícito disciplinar pode ainda dizer respeito à prestação de informações erradas; constitui elemento comum dos dois tipos de ilícito o conhecimento das infracções legais e regulamentares relativas ao licenciamento municipal no exercício das respectivas funções; por fim, para a responsabilidade penal é exigido o dolo, enquanto para a responsabilidade disciplinar basta a mera culpa ou negligência do sujeito.

([94]) O artigo 52.º, n.º 1, refere um conjunto de vícios, de natureza urbanística, que desencadeiam a nulidade dos actos administrativos praticados no âmbito da aprovação de projectos de obras e do licenciamento destas. São eles a falta de consulta das entidades cujos pareceres, autorizações ou aprovações sejam legalmente exigíveis ou a desconformidade com os mesmos, quando de natureza vinculativa [alínea *a*)] e, bem assim, a violação do disposto em plano regional de ordenamento do território, plano municipal de ordenamento do território, normas provisórias, área de desenvolvimento urbano prioritário, área de construção prioritária ou alvará de loteamento em vigor [alínea *b)*].

A acrescer aos casos expressamente referenciados no n.º 1 do artigo 52.º do Decreto-Lei n.º 445/91, são *nulos* também os actos administrativos respeitantes à aprovação de projectos de obras e ao licenciamento destas, aos quais falte qualquer dos seus "elementos essenciais" (artigo 133.º, n.º 1, do Código do Procedimento Administrativo) ou que estejam inquinados por um dos vícios elencados no n.º 2 do artigo 133.º do mesmo Código. Os restantes vícios daqueles actos administrativos determinam a *anulabilidade*, a qual constitui, como é sabido, a forma de invalidade – regra dos actos administrativos que enfermem de ilegalidade (cfr. o artigo 135.º do Código do Procedimento Administrativo).

Como foi salientado anteriormente (cfr. *supra*, nota 74), a alínea *b)* do n.º 1 do artigo 52.º aplica-se também ao acto de aprovação dos projectos de obras referidos nas alíneas *c)* a *f)* do n.º 1 do artigo 3.º do Decreto-Lei n.º 445/91, os quais não são aprovados pela câmara municipal, antes estão sujeitos apenas a parecer não vinculativo deste órgão autárquico.

A prática de um acto nulo, nos termos do n.º 1 do artigo 52.º, implica a obrigação para o município de indemnizar os prejuízos causados (artigo 52.º, n.º 4). É o que sucede quando, por exemplo, a câmara municipal emite uma licença de construção, que mais tarde vem a ser declarada nula, levando à demolição de obras já efectuadas.

Nos termos do n.º 1 do artigo 53.º, as ilegalidades referidas no n.º 1 do artigo 52.º que estejam na base da nulidade dos actos administrativos devem ser participadas, por quem tenha delas conhecimento, ao Ministério Público, para efeitos de interposição do competente recurso contencioso – o qual tem sempre efeito suspensivo (artigo 53.º, n.º 2) – e meios processuais acessórios, dando conhecimento de tal facto à câmara municipal e demais interessados conhecidos. O n.º 3 do citado preceito do Decreto-Lei n.º 445/91 determina, à semelhança do que estatui o artigo 23.º do Decreto-Lei n.º 69/90, de 2 de Março, para os actos dos órgãos municipais que violem qualquer plano municipal plenamente eficaz, que compete em especial à Inspecção-Geral da Administração do Território a participação das ilegalidades traduzidas na violação das prescrições dos planos urbanísticos.

Convém realçar, por último, que a prática de um *acto inválido* por parte da câmara municipal no âmbito da aprovação de projectos de obras e do licen-

III – CONCLUSÃO

É tempo de terminar esta rápida excursão pelas "linhas gerais da recente reforma do direito do urbanismo português". Resta-nos apenas acrescentar, em jeito de conclusão, que as reformas legislativas surgidas no intervalo temporal aqui considerado foram globalmente positivas e contribuiram decisiva-

---

ciamento destas pode ser objecto de impugnação contenciosa por iniciativa de *três* entidades distintas: o recurso contencioso interposto pelo Ministério Público, em defesa da legalidade, por sua iniciativa ou com base em participação de qualquer sujeito público ou privado [artigos 821.º do Código Administrativo e 27.º e 28.º da Lei de Processo nos Tribunais Administrativos (Decreto-Lei n.º 267/85, de 16 de Julho)] – que constitui a chamada *acção pública*; o recurso contencioso apresentado pelo titular de interesse *directo, pessoal e legítimo* (artigo 821.º do Código Administrativo), o qual pode ser utilizado não apenas pelo requerente do licenciamento (no caso de indeferimento ilegal do pedido), mas também pelo *vizinho*, definido em termos jurídico-urbanísticos (no caso de ilegalidade da licença de construção), o qual abrange não apenas o proprietário, usufrutuário, locatário, titular do direito de uso e habitação ou superficiário de um prédio contíguo, mas também, como salienta J.J. Gomes Canotilho, "todos aqueles que, em virtude da ligação espacial, temporal e pessoal com o 'local' individualizado na licença de construção, podem vir a tornar-se vítimas de uma 'lesão ou afectação qualificada' dos seus direitos de habitação, propriedade, ambiente e qualidade de vida" [cfr. *Anotação* ao Acórdão do STA (1ª Secção), de 28 de Setembro de 1989, in RLJ, Ano 124.º, n.º 3813, p. 361-365] – a denominada *acção particular*; e o recurso contencioso da iniciativa de qualquer cidadão na plenitude dos seus direitos civis e políticos (artigo 52.º, n.º 3, da Constituição e artigo 822.º do Código Administrativo) contra a autorização ilegal de construção proveniente do órgão executivo do município onde resida, o qual actua na veste de titular de um *interesse difuso* na defesa da legalidade urbanística – a conhecida *acção popular* [cfr. A. Barbosa de Melo, *Direito Administrativo II (A protecção jurisdiconal dos cidadãos perante a administração pública)*, polic., Coimbra, 1987, p. 95,96; sobre a acção popular, cfr. ainda J.J. Gomes Canotilho/ Vital Moreira, *Constituição da República Portuguesa Anotada*, cit., p. 281-284].

mente para a modernização do nosso sistema jurídico urbanístico. Como já referimos, o esforço de actualização e de aperfeiçoamento do quadro normativo do urbanismo deve prosseguir e ampliar-se a outras áreas. Para além das já assinaladas, indicamos ainda a da "associação da Administração com os proprietários dos solos" – a qual, se for aplicada de forma correcta e generalizada como sistema de execução dos planos urbanísticos, apresenta grandes virtualidades, no que diz respeito à superação das *desigualdades de tratamento* oriundas dos planos – e que carece de uma revisão profunda do seu regime jurídico, com o duplo objectivo de eliminar os resquícios de dirigismo da Administração e de reforçar a sua operacionalidade e a sua eficácia ([95]).

As reformas já empreendidas ou a realizar deverão, como já salientámos, ser rematadas com a elaboração de um *Código do Urbanismo*, onde se reunam e sistematizem as *fontes gerais* do direito do urbanismo.

Já tivemos ocasião de acentuar que se verifica actualmente, no nosso país, um notável incremento da planificação urbanística, traduzido na elaboração de vários planos regionais de ordenamento do território e, sobretudo, na elaboração de planos directores municipais e outros planos municipais. Com a generalização dos planos municipais, aumentará a importância das *fontes locais* do direito do urbanismo.

O ordenamento jurídico urbanístico é composto simultaneamente por normas jurídicas de âmbito geral e regras jurídicas de âmbito local – destacando-se, nestas últimas, as constantes de planos urbanísticos. Este facto espelha um dos *traços particulares* do direito do urbanismo, que é o da *complexidade* das suas fontes ([96]).

([95]) Para mais desenvolvimentos, cfr. a nossa obra *O Plano Urbanístico*, cit., p. 635-639.

([96]) Cfr. a nossa obra *O Plano Urbanístico*, cit., p. 56-58.

O nosso legislador desenvolveu, nos últimos anos, uma importante tarefa de aperfeiçoamento e de modernização da *disciplina geral* de diferentes aspectos da actividade urbanística. Cabe agora à Administração, em especial aos municípios, erguer o *segundo pilar* do direito do urbanismo, elaborando e aprovando os *planos locais* definidores das regras respeitantes à ocupação, uso e transformação do solo. Só então poderá considerar-se concluído o edifício normativo do urbanismo português.

ÍNDICE

Nota Prévia	7
Abreviaturas	9
Sumário	11
I – Introdução	13
II – Os grandes domínios de incidência das recentes reformas legislativas	14
1. As alterações ao regime jurídico da planificação urbanística	14
1.1. Aspectos gerais	14
1.2. A nova disciplina dos planos regionais de ordenamento do território	19
1.3. O novo regime dos planos municipais de ordenamento do território	31
2. As modificações relacionadas com o direito dos solos	51
3. As reformas no âmbito dos instrumentos jurídicos de gestão urbanística	62
3.1. O Código das Expropriações de 1991. Principais inovações	66
3.2. O actual regime jurídico dos loteamentos urbanos. Notas mais relevantes	78
3.3. A nova disciplina do licenciamento de obras particulares. Princípios gerais	108
III – Conclusão	151
Índice	155